公路工程建设与养护管理

肖利明 戴建华 侯 芸 著

吉林科学技术出版社

图书在版编目（CIP）数据

公路工程建设与养护管理 / 肖利明，戴建华，侯芸著. -- 长春：吉林科学技术出版社，2020.8
ISBN 978-7-5578-7414-8

Ⅰ.①公… Ⅱ.①肖… ②戴… ③侯… Ⅲ.①道路工程—施工管理②公路养护 Ⅳ.①U41

中国版本图书馆 CIP 数据核字（2020）第 163038 号

公路工程建设与养护管理

著　　者	肖利明　戴建华　侯　芸
出 版 人	宛　霞
责任编辑	杨超然
封面设计	李　宝
制　　版	宝莲洪图
幅面尺寸	185mm×260mm
开　　本	16
字　　数	210 千字
印　　张	9.75
版　　次	2020 年 8 月第 1 版
印　　次	2020 年 8 月第 1 次印刷
出　　版	吉林科学技术出版社
发　　行	吉林科学技术出版社
地　　址	长春净月高新区福祉大路 5788 号出版大厦 A 座
邮　　编	130118
发行部电话/传真	0431—81629529　　81629530　　81629531
	81629532　　81629533　　81629534
储运部电话	0431—86059116
编辑部电话	0431—81629520
印　　刷	北京宝莲鸿图科技有限公司
书　　号	ISBN 978-7-5578-7414-8
定　　价	50.00 元

版权所有　翻印必究　举报电话：0431—81629508

前　言

随着我国交通行业的发展，人们对于公路建设质量的要求逐渐地提高，但是公路的发展过程中仍存在一些问题，其中较为突出的就是养护施工方面，在养护的过程中各种问题不断出现。为了提升整体的养护质量，提升公路质量，需要制定更加科学的建设养护措施。进行公路建设的过程中，公路养护是其中非常重要的组成部分，通过对公路的养护可以全面地提升使用寿命，使得公路的使用范围逐渐得到延伸，将公路最大的价值展示出来，减少后期重新维修的次数。公路养护施工技术的使用也是公路质量保证的重要措施，尽早地发现在公路中的一些问题，及时进行修复，防止因为公路问题影响正常的运行。本书主要针对公路建设养护施工技术及改良措施进行分析。

信息时代的发展为公路养护提供了非常好的条件，在使用的过程中应该全面地重视对计算机以及 BIM 技术的应用，使用计算机技术对不同的路面、不同的时间以及不同的公路性质进行分析。将网络进行全面覆盖，以科学为单位对数据进行分析和整理，制定更加科学的保养任务以及养护方法，提升设备在使用过程中的整体质量，将公路养护的效率进行提升，在这个过程中工作人员再制定科学的管理方法，养护的整体质量得到全面的发展。同时，进行回访的过程中结合实际情况掌握全面的追踪回访方法，定期进行回访以及抽查，进而实现整体工程的进步。最后可以建立国家重要公路管理控制系统，制定科学化的信息管理平台，将整体的信息进行集中的处理与反馈，实现管理技术的整体提升。

目 录

第一章 公路工程设计研究 1
第一节 公路工程设计隐患及解决措施 1
第二节 公路工程设计阶段造价控制 3
第三节 公路工程设计中环境保护的实践 7
第四节 公路工程设计中路线布设及路基设计难点 9
第五节 基于高边坡稳定性及治理的公路工程设计 11
第六节 BIM技术在公路工程设计中的应用 14
第七节 CAD技术在公路工程设计中的应用 17

第二章 公路工程施工研究 20
第一节 公路工程施工工艺 20
第二节 公路工程施工的建设与改进 22
第三节 公路工程施工技术 25
第四节 公路工程施工阶段审计的难点 28
第五节 公路工程施工现场控制 32
第六节 公路工程的施工与养护 34
第七节 公路工程施工成本控制 38
第八节 公路工程施工安全浅析 41

第三章 公路工程招投标研究 43
第一节 高速公路工程招投标浅析 43
第二节 公路工程招投标与合同管理 48
第三节 公路工程招投标阶段的造价管理 50

第四节　交通公路工程招投标 ·· 52
　　第五节　公路工程招投标工作的关键环节 ······························ 54
　　第六节　公路工程招投标工作的法律法规 ······························ 56

第四章　公路工程管理研究 ··· 59
　　第一节　公路工程管理中的问题与改善 ································· 59
　　第二节　公路工程管理模式 ·· 62
　　第三节　公路工程管理创新探析 ·· 64
　　第四节　公路工程管理中现场管理 ······································ 67
　　第五节　公路工程管理中的成本控制 ···································· 70
　　第六节　公路工程管理中的试验检测 ···································· 73
　　第七节　高速公路工程管理风险评价 ···································· 76
　　第八节　基于GIS系统的公路工程管理平台 ····························· 79
　　第九节　公路工程管理过程中存在的经济风险 ························· 82
　　第十节　公路工程管理中质量与进度的合理管控 ······················ 85

第五章　公路工程施工项目管理 ·· 88
　　第一节　公路工程施工项目的精细化管理 ······························ 88
　　第二节　公路工程施工质量控制及管理 ································· 90
　　第三节　交通工程施工管理与质量控制 ································· 92
　　第四节　CM模式在中国公路工程项目管理中的应用 ·················· 93
　　第五节　工程管理系统思维与工程全寿命期管理 ····················· 95
　　第六节　公路系统人力资源管理信息化思路 ··························· 97

第六章　公路养护技术的理论研究 ·· 100
　　第一节　公路养护技术要点 ·· 100
　　第二节　公路养护技术方案优化 ······································· 102
　　第三节　公路养护技术发展趋势 ······································· 105
　　第四节　高等级公路养护技术与设备 ·································· 107

第五节　基于CPMS技术的公路养护技术 ································· 109

第七章　公路养护技术创新研究 ································· 112

　　第一节　高速公路养护监管技术创新 ································· 112

　　第二节　公路养护施工工程技术创新 ································· 114

　　第三节　现代公路养护技术管理与创新 ······························· 116

　　第四节　公路桥梁养护与维修加固技术创新 ··························· 118

　　第五节　公路沥青路面养护相关技术创新 ····························· 121

　　第六节　公路路面养护质量检测技术创新 ····························· 123

　　第七节　高速公路养护与养路机械的技术创新 ························· 125

第八章　公路养护技术的实践应用研究 ····························· 128

　　第一节　预防性公路养护技术应用 ··································· 128

　　第二节　公路工程养护中微表处技术的应用 ··························· 130

　　第三节　公路维修养护中新材料与新技术的应用 ······················· 133

　　第四节　公路养护工程中旧路冷再生技术的应用 ······················· 136

　　第五节　高速公路养护中超薄磨耗层技术的应用 ······················· 138

　　第六节　不同地理区域环境下公路养护技术应用 ······················· 141

参考文献 ··· 144

第一章 公路工程设计研究

第一节 公路工程设计隐患及解决措施

当前，我国国民经济水平不断提高。公路工程建设作为基础设施建设的重要组成部分，受到了社会各界的广泛关注。为了保证项目整体水平的提高，必须重视公路工程设计管理、设计图纸。确保工程设计文件与现场情况相一致，对设计中存在的隐患采取积极有效的对策，将公路工程设计的隐患降到最低。本节主要分析了公路工程设计中存在的隐患，并提出了相应的解决方案。

一、公路设计的基本要求

首先，公路路线的设计必须与土地要求相结合，满足相应的空间要求。道路空间必须经过科学合理的分析和研究，才能充分保证公路工程的使用和安全。同时，还必须结合工程的经济效益、沿线居民的生活和工作条件，使公路工程设计更加合理、科学。其次，在整体空间布局的基础上，从公路工程承载需求出发，做好公路设施布置，改进以往公路设计中的不足。道路权配置是公路路线设计中极为重要的一部分。从道路的具体等级和优先级出发，科学配置道路权资源，综合考虑公路工程的安全性。最后，路线的周边功能也是路线设计中需要考虑的一部分，是对道路交通功能的补充。公路工程设施的功能需要深入分析研究、找出重点，制定施工组织方案，为公路工程设计人员提供最佳参考。

二、公路工程的设计隐患

（一）设计方案滞后

公路工程设计是工程的基础，对工程的质量和安全起着决定性的作用。为了满足实际需要，设计理念要及时更新，以适应时代的发展。然而，很多设计理念太过陈旧，设计上没有创新。相关标准没有得到完善和提高，严重制约了公路工程的全面发展。今天的交通状况和过去不一样了。如果按照最初的设计理念进行设计，将无法满足实际的交通需求。设计是施工的源泉，是整个工程的重要指导思想。部分设计师更新速度太慢、技术含量低，当投入使用后，他们会发现有更多的问题。

（二）平面交叉口主要问题

通过文献回顾和分析现场调查，发现大多数的十字路口目前有以下问题：①平面交叉口的设计有问题，和最多两条路路口的转角不是直角，导致汽车行驶、转弯半径太小，对司机来说并不容易判断道路的十字路口的距离，它是不容易找到的十字路口的交通状况，容易发生交通事故，使十字路口的交通状况不容乐观。②交叉口渠化设计不合理。如交叉口车道功能混乱，车辆左车道渠化设计不合理，进出交叉口车道数不匹配，交叉口标识模糊情况等等。③有不合理的情况在十字路口的交通控制，例如，十字路口的信号灯的不合理设计，非理性的信号灯，十字路口的信号灯的可见性差等。④十字路口的行人街道的安全设施不足，例如，缺乏区域等待行人穿过街道十字路口。平交道口的几何安全设计是在分析安全角度的基础上，建立交叉口的几何设计技术。主要包括平面交叉口的水平、垂直、纵向设计；设计的控制标准和因素；功能区设计的定义和视距；访问管理技术。

（三）公路工程的设计缺陷

由于不同地区经济发展水平的不同，公路工程建设的具体需求也不同。由于公路设计人员没有做前期调查，导致公路设计存在缺陷，不利于后续施工的有序进行。在设计过程中，设计者没有充分了解现场情况，不清楚施工的具体要求，并没有考虑对施工实践的影响，导致设计和实际施工之间的断开，无法承担相应的负荷，降低高速公路的使用寿命，埋下了严重的安全风险。

三、解决设计隐患的相应措施

（一）在施工前做好可行性论证

公路工程是露天工程，公路工程的区域跨度很大。在具体的施工过程中，必然会遇到各种恶劣的地质条件和环境，但公路工程是基础工程，它是国家建设的关键。即使遇到恶劣的条件和条件，也无法避免，因此，需要对项目进行前期规划准备。联系政府有关部门和地质勘探单位提前完成调查的工程地质和水文条件准确、迅速，充分验证施工方案的科学性和合理性，并结合具体情况来计划和优化高速公路路线，有效减少施工的难度。如果不能避免一些严重的地质条件或环境，需要去工作单位，寻求当地地质和气象单位的帮助，结合具体的天气变化和地质条件，试图消除这些因素的影响，或将其降低，使公路工程设计更加科学合理。

（二）优化公路设计方案

在设计阶段，应采用多种设计方法，通过不断地对比分析，选择最经济、最合适、最方便的施工方案。一个优秀的公路设计应满足当地地质条件、人文条件、交通流量等方面的需要。在施工过程中，采用科学的施工方法，可以提高工程质量，延长公路的使用寿命，保证公路工程的经济效益和社会效益。本项目的实现将通过优化设计方案提高公路建设水平。

（三）提高设计人员的责任意识和专业水平

设计是设计者脑力劳动的成果。设计的质量直接关系到设计者的专业水平，设计应完全按照国家规定进行，对于一些不确定的内容，应多次实地调查，并咨询行业专业人士。综合考虑各种影响因素，根据不同的地理位置和项目建设需求，进行有针对性的设计。开拓探索、精益创新，力求设计出高水平的图纸和解决方案，造福大众。公路工程是公共基础设施，设计时要有相应的责任感，认识到工作的重要性，形成认真负责的工作态度。设计单位应经常组织设计人员进行学习，形成良好的工作氛围，对设计成果进行严格检查，避免使用在设计中存在明显隐患的解决方案。

（四）合理设计平交路口交角

当一辆车经过一个十字路口，即使行驶速度低于一般路段，司机应该能够看到十字路口地区的交通方向提前确保平面对齐，比一般路段变速和停车方便。因此，有必要严格控制平交道口的斜交角，十字路口的道路应接近直角。这可以有效减少车辆通过十字路口的时间，减少锐角驾驶员的视线限制。平交道口的交角为直角，斜交时的锐角不应大于70°，如果条件允许，次要道路可以修直。

总之，为了满足人们的实际需要，公路工程的设计理念应该与时俱进，不断探索、创新和探索新的材料和技术。加强责任心、提高专业水平、调整工作态度，避免在设计中出现质量、安全、交通等方面的隐患，影响公路的正常使用。

第二节 公路工程设计阶段造价控制

随着当前我国基建工程的快速发展，公路工程在设计作业中的造价控制也引起了施工单位及业主单位的重视。在实际施工作业中如何有效的控制工程造价，并且确保工程设计质量的合格性，成为当前公路工程设计施工发展中主要面临的问题。本节针对公路工程设计阶段造价控制，进行简要的分析研究。

公路工程在施工发展中良好的造价成本控制，对工程施工单位的实际收益提升，以及工程业主单位的实际权益保障发挥了重要的作用。其中公路工程设计作为影响工程造价的主要因素，分析在工程设计作业的实施中如何合理的控制造价成本？则引起了广泛的关注。笔者简要剖析公路工程设计阶段的造价控制，期望能为相关公路工程项目设计阶段的造价控制作业实施提供参考。

一、公路工程设计阶段造价控制的发展现状

从当前我国公路工程的施工发展现状方面进行分析，公路工程设计阶段的造价控制，宏观分析整体的发展现状较为良好，为区域财政投入效果的合理发挥，以及区域交通工程应用质量的合理提升发挥了重要的作用。同时，良好的公路工程设计作业实施，对于行车

安全的保障，以及区域经贸活动的发展也发挥了积极的作用。另外，从细节方面剖析公路工程的设计作业，由于其涉及的设计细节内容较多，因此在具体的设计造价评估中因设计不完善、设计缺失、设计错误，造成的造价升高现象也较为多见。基于公路工程的设计实施现状，以及造价控制现状进行考量，设计单位在公路工程的设计作业实施中，为降低因工程设计存在问题，造成的造价升高现象，还应从上述问题的优化及规避方面进行发展。

二、公路工程设计对造价控制产生的影响

（一）设计错误引起的造价变化

公路工程设计作业在实施中，设计错误造成的工程造价控制失效，以及造价成本升高的现象较为普遍。其中设计错误造成的造价控制失效现象，主要表现：公路工程项目设计错误，造成在具体的施工作业中出现了一定的施工事故、施工返工、以及重复设计的现象，从而造成了一定的造价升高现象，对于项目工程的施工进度推进，以及项目工程的造价成本合理控制，均造成了一定的影响。

（二）设计变更引起的造价变化

公路工程项目在设计作业中，因设计变更引起的造价升高，以及造价控制失效现象较为多见。其中设计变更引起的造价变化现象，主要表现：工程设计中因设计缺陷、基础勘察不完善引起的设计变更，从而造成的施工造价成本升高、施工进度延长、以及工程量增加引起的造价控制问题。另外，从经济性的角度进行分析，设计变更引起的工程造价控制失效，严重地影响了业主单位的实际权益，同时对应工程项目的施工质量控制，以及整体工程的进度控制也造成了较大的影响。

（三）设计增量引起的造价变化

公路工程设计作业在具体实施中，设计方主要基于业主方需求，以及工地现状进行公路工程项目的设计作业。在具体的设计作业实施中，因业主方需求变化引起的设计增量，产生的造价升高现象也较为多见。其中因设计增量引起的造价变化现象，主要表现：工程设计增量，引起的工程量增加，工程进度延长，投入成本增加，人员应用成本增加，从而引起的造价升高，以及造价控制失效的现象。

三、公路工程设计阶段造价控制策略

从公路工程设计阶段造价控制的实施现状，以及产生的影响现象方面进行分析，笔者针对公路工程设计阶段的造价控制作业，提出了以下控制策略：落实限额设计、落实设计科目编订、提升设计人员专业技能、完善工程设计的前期勘察作业、加强工程设计审核作业、落实工程量核准作业、加强了解区域政策信息变化现状。笔者针对上述公路工程设计阶段的造价控制策略实施，以及具体实施中的注意事项进行简要的研究。

（一）落实限额设计

从公路工程设计阶段的整体设计作及作业程序方面，评估造价控制作业的实施现状，

落实限额设计作业则为有效的造价控制策略。其中限额设计作业策略的实施，应以业主方的项目预算造价金额为基础，基于预算造价金额进行限额设计作业。通过限额设计达到合理控制设计阶段的造价控制质量，从而达到提升整体工程项目造价控制效果的目的。另外，在具体的限额设计作业实施中，为确保限额设计实施质量的合格性，业主单位在进行项目造价预算，以及限额基数出具的过程中，应注重落实市场调研作业以及项目工程施工区域的实地调研作业。以此确保其出具的限额金额总值，符合市场规则、符合实地现状。规避因缺乏基础参数支持，缺乏行业常识即出具限额设计金额总值，造成的设计作业无法开展以及其他不良现象。

（二）落实设计科目编订

公路工程设计作业的实施涉及的设计参数、设计项目、以及工程量核算作业较多，应从实际出发，关于公路工程设计阶段的造价控制作业实施，落实设计科目编订作业，则为有效的造价控制策略。其中关于设计科目编订作业的落实，设计单位应基于常规的公路工程设计内容进行科目编订，之后再通过工程项目施工工地的实际勘察作业，进行设计编订科目的完善和补充，以此确保工程设计作业实施的完善性和准确性。同时通过合理的设计科目编订，达到降低工程设计误差、减少重复设计、控制设计周期、以及减少设计返工引起的造价控制失效现象。

（三）提升设计人员专业技能

"术业有专攻"，公路工程设计作业作为一项专业性较强的设计工作，其在设计作业的实施中设计人员的专业技能现状，则对于工程项目的设计质量，以及工程设计阶段的造价控制造成了较大的影响。在具体的公路工程设计作业实施中，提升设计人员的专业技能，则为公路工程设计阶段造价控制的主要控制策略。其中关于设计人员的专业技能提升，设计单位可通过多个举措进行落实。第一，通过招聘的形式，提升其项目设计作业人员的专业技能；第二，邀请行业专家针对现有设计作业人员，进行专业技能培训及理论知识讲解，以此提升设计人员的专业技能；第三，实施班组设计作业，通过细分工期和工段，进行差异化技能设计人员的分组，以此提升工程设计质量，同时达到降低设计误差率，以及提升设计效率的目的。

（四）完善工程设计的前期勘察作业

公路工程项目在设计作业实施中，基础勘察作业质量对于工程设计质量，以及后期的工程造价控制影响重大。在设计阶段的造价控制中，设计单位也应注重落实设计作业前期的勘察作业。其中关于前期勘察作业的实施，设计单位勘察人员应从基础地质信息勘察、水文信息勘察、交通现状勘察、地面及地下既有建筑物勘察、地下既有管网设施勘察，以及气候环境信息勘察方面进行作业。以此确保后期在工程设计作业的实施中，其设计内容符合施工工地的地质结构现状、符合区域气候环境、符合业主方需求，同时减少因设计误差，引起的既有建筑，既有管网破坏，造成的安全事故、人员伤亡、进度延误、以及造价成本升高的现象。

（五）加强工程设计审核作业

公路工程设计阶段的造价控制作业实施，加强工程设计审核作业，对于公路工程设计阶段的造价控制质量提升意义重大。其中在具体设计审核作业实施中，设计单位可通过"两步走"的方式进行落实。第一，设计方审核作业，设计方针对完成的设计图纸进行自行审核，并针对其中存在的问题进行纠正和处理，以此完善第一步审核作业；第二，联合审核，设计方、业主方、施工方、监管方组成联合审核小组进行联合审核。通过四方联合审核，完善实施项目设计审核作业，并及时优化设计中存在的缺陷及不足，最终达到提升工程设计应用质量，合理控制造价成本的目的。

（六）落实工程量核准作业

从公路工程设计阶段造价控制的本质方面进行剖析，工程量的多寡为影响最终工程造价数额的主要因素。落实工程设计中的工程量核准作业，也为公路工程设计阶段造价控制的主要控制策略。其中在具体实施中关于工程量的核准作业实施，应由设计单位、业主单位及施工单位组成联合审核小组，通过设计方预先核准提交工程量编订科目材料，以及工程量单价价目表的方式，进行其项目工程量的联合核准作业。以此减少因工程量虚设，工程量核算错误，单价核算误差，引起的造价控制失效现象。

（七）加强了解区域政策信息变化现状

公路工程项目的施工发展中其影响范围大、影响人群多、且投资成本也较高，在具体的项目设计作业实施中，因区域政府政策变动，主管人事变动，引起的设计变更及造价控制失效现象也较为多见。基于该类现象分析，落实工程施工区域政府政策变化，及主管人事变化现状的了解，也为工程设计阶段造价控制的主要控制内容。具体实施中通过对政府人事变动现状以及政策变化现状的了解，确保其项目设计符合政策要求，并且确保政府部门主管领导对项目主管工作的有效衔接。避免因区域政策变动、人事工作变动现象下，缺失沟通造成的项目设计返工等其他不良现象，最终达到合理控制工程设计质量，确保工程设计阶段造价控制效果合格性，同时达到合理推动项目工程稳定发展的目的。

从当前公路工程设计阶段的造价控制发展现状，以及工程设计对工程造价控制产生的影响因素方面分析。设计单位、业主单位、施工单位在实际发展中，为切实有效地促进项目工程的稳定发展，同时减少因设计变化引起的工程造价升高现象。实际发展中设计方及业主方可通过限额设计，提升设计人员专业技能、完善设计科目编订、以及落实工程设计前期勘察的方向进行发展。另外，关于审核控制及监管方面的作业落实，设计方应联合业主方、施工方及监管方，进行项目设计审核、工程量核准，以及区域政策变动现状的及时了解。以此确保其项目工程设计符合业主方需求，符合监管方要求、符合施工可行性，最终达到合理推动项目工程施工发展，合理控制工程造价的目的。

第三节 公路工程设计中环境保护的实践

近几年，公路建设质量成了国民重点关注的问题之一，当前交通网络正不断地完善，给区域经济带来发展的同时，也给人们的出行提供了更加便捷方式。随着人们对环境质量要求的提高，公路建设企业要重视工程周边的建设环境。项目在设计阶段，要以工程环保理念为中心，在建设生态公路的同时，拟定一套合理有效的环境保护体系。

一、公路建设可能造成的环境影响

（一）水土流失

对环境的影响水土流失因地表径流在自然坡地表面上运动造成。在公路修建过程中，不可避免地要对公路路基进行高填深挖，对山坡林地及表土破坏较大，使原来的山体失去平衡，导致山体滑坡、边坡坍塌，破坏了周围植被，靠自然界的力量恢复植被需3—5年，甚至更长的时间。公路建设改变地表径流，成为沿线水土流失的另一原因。公路沿线桥梁、涵洞的新建和变更，将影响原有河道、沟渠的断面结构。公路建成后，由于建设资金紧缺，使得取弃土场往往处于无人管理的状态，对公路沿线极易造成水土流失的高填深挖地段也无法采取砌体加固的措施进行防护，这均增加了水土流失的潜在风险。

（二）公路施工过程对环境的影响

路基高填深挖、桥梁涵洞施工、取土、采石采砂、备料场、弃土堆、施工便道等行为是公路施工过程中最常见的工作内容，不可避免地会对沿线自然环境产生较大影响，不仅会改变原地表形态，加剧水土流失的产生，沿线水文网络也会由此发生改变。公路施工中常见的河道修改，由于水文、地形调查不细致，没有做到对河流的自然顺畅引导，以致洪水一来，河道又恢复到原来的位置，严重时被冲刷形成新的河道。公路桥梁、涵洞的修建由于设计深度不够，容易出现桥、涵进出水口位置与水流方向不协调，遇到暴雨季节或者山洪暴发就容易出现排水不畅，浸泡、冲刷农田。

二、公路设计中的环保要点和策略

（一）水环境的保护

首先，如果是桥梁工程施工，那么就需要做好其与公路的衔接处理工作，完善细节处的制度要求，定期的检修施工机械性能，减少其漏油危害，废水不能直接排出，要建立一个沉淀池，经过沉淀之后才可以排放。其次，施工材料方面，如果施工材料具有易腐蚀性、污染性等，就要将其远离河流区域堆放，并且也要设置相应的防雨、防潮措施，拌和场和预制场需要设置一个临时排水系统和沉淀池，以为废水排出提高便利。

（二）水文保护

建设道桥的时候，要对其进行严格的监管，定期维修机械设备，防止油料的泄露对河水产生危害，不能随意将废弃的建筑材料扔进水里，要将其沉淀之后在排到水里。在道路施工中，要妥善安排好化学用品，设置好临时的排水设备，避免暴雨等灾害对当地的自然环境产生影响。沥青库生产和石灰搅拌场的废水，只有pH检测值为中性的时候才可以进行排放，固体垃圾能够焚埋处理的要及时对其处理。运营道路的期间，假如遇到梅雨季节，相关的管理部门需要定期对公路进行维修，尤其是河流流经的路段，要增强巡查，做好暴雨风险的应急措施。

三、生态公路设计方案

（一）路侧设计

路侧设计要本着"以人为本"和"安全至上"的理念对生态公路进行科学设计，首先要设置标志标线，以此明确汽车的运行轨迹，保证汽车不会因行驶偏离而发生路侧事故；其次设置路侧净区，其主要是通过在路侧地段设置平坦地带，从而为车辆提供可恢复区域，同时设计一些生态公路景观，对于路侧净区的宽度根据地形平坦度的不同，有着不同的要求，以黄河三角洲为例，路侧净区的宽度应该大于9m，以此强化公路的安全；再次路侧护栏，不同的地段可能不适合设置路侧净区，对此需要安装路侧护栏，路侧护栏应该根据当地的生态环境选择合适的护栏形式和刚度；最后路侧边沟，生态边沟应该采取暗藏式边沟方式，这样当路面的水汇到明沟中后，通过流入暗沟中，解决了地表水的排降问题，同时也增加了路侧净区的宽度。

（二）分隔带的绿化

设计相关的心理学研究结果显示，司机在高速公路驾驶的时候容易出现道路催眠的现象。假如外部的信息不断的单调重复，司机的大脑没有进行有效运转，处于空灵状态，此时大脑的细胞会出现抑制行为，导致司机的反应能力变慢。一旦反应的时间超过五分钟会大大降低大脑使用的功能，易导致交通事故的出现。所以，在设计中央的绿化带景观时需要考虑时间的因素。按照公路实际的情况，每6分钟行车距离可以将设计改变，不断变换对于驾驶员视觉上的刺激，能够有效缓解司机疲劳和紧张的情绪，使得司机始终保持意识清醒的状态，降低发生交通事故的概率。

（三）景观、绿化设计

景观设计是采取"露、透、封"的设计手段，凸显自然景观，实现公路美感、增强其绿化面积，给人以舒适感。一是公路中间隔离带。中间隔离带的绿化作用主要是防止对向汽车的炫目，起到美化路宽的作用，因此，中间绿化带的绿化应该与周期环境相协调，植被的选择应该符合当地的环境，选择耐旱性强、抗污染的植被，同时种植的植被要满足行车的要求；二是科学设置景观休息区，公路休息区的设置在满足其功能要求的同时，要尽量选择环境优美的地方，以此实现与当地自然环境的融合，实现人文景观的建设。

总而言之，随着我国社会经济的快速发展，公路的建设工程逐渐增多。目前的经济形式下，公路的设计现实意义非常大，相关的设计人员进行设计时需要与同时代发展趋势相结合，考虑公路设计中的景观和环境保护设计，确保在公路的建设中减少对环境的破坏，从而实现社会的可持续发展。

第四节　公路工程设计中路线布设及路基设计难点

我国地理环境复杂、公路建设跨度较大，公路路线布设及路基设计难度大。本节对公路工程的设计原则进行了阐述，并对路线设计及路基设计进行了相关说明，以期为相关人员提供一定的帮助和支持。

一、公路工程设计方案选择原则

（一）满足生态环境的需求

在进行公路工程设计时，不仅要确保公路的安全性与质量性，满足公众的日常出行需求，还要符合现代化的美学设计原则，坚持不破坏生态环境的准则，力求设计成果与生态环境的完美融合，目前大部分情况下都采取对称性与连贯性设计。

（二）满足公路工程设计的合理性与科学性

对公路工程而言，最重要的设计原则就是坚持设计方案的合理性、科学性与可行性，确保其符合现场的实际情况。比如，公路建设需要穿过山川河流，那么在设计的时候，就需要结合现场的实际地形情况，将各个地形的差异化考虑在内，使用隧道等形式进行设计，确保正常通行。

（三）根据地质环境条件进行优先选择设计

在地质环境复杂的山区进行公路设计时，要对整体地质环境进行综合考虑，并结合施工进度、影响因素等，确保公路工程设计的合理性。假设公路工程会经过断层部分，为确保施工的顺利开展，在进行设计时，一定要将施工中容易发生的各类事故考虑在内并尽可能避开，例如塌方、滑坡、泥石流等，如果实在无法避开，则需要利用桥路或者降低填挖高度的方法来解决。

二、路线布设的整体设计

（一）将路线平面和垂直面设计考虑在内

在进行公路路线布设时，首先需要考虑可行性、安全性和经济性。比如，遇到复杂地形需设计交通岔口，确保公路建设的合理性，同时还要重视美观，确保整体设计的和谐性与美观性。其次，公路路线的平面和垂直面设计也至关重要，一定要坚持以人为本的设计理念。在对周边的环境进行考察后，明确整体设计方案，然后逐一确定各个路线的重要控制点，最后进行平面和垂直面的设计。除了满足基本的设计需求外，还要重视整体的协调性，并充分考虑驾驶员的视觉需求，总而言之，在进行公路路线设计时，可以结合多种设计方法，只要确保协调、统一即可。需要注意的是，在进行公路设计时，还要考虑排水系统设计，使公路运输网络和排水系统相结合，以实现整体、全面的公路网规划设计。

（二）选择合适的地质路线

在进行路线布设时，要对施工现场环境及地质条件进行细致考察，全面了解施工条件、地质条件的差异性，然后再进行针对性的分析和设计。首先，对施工环境及地质条件进行全面检查，以实现整体把控，在设计过程中，既要实现对环境的保护，也要尽可能降低投入成本，以确保取得正常的经济效益和社会效益。其次，要合理运用各类技术指标，将公路质量安全放在第一位，通过运用高指标实现地面路线之间的协调性和平衡性，尽可能通过调整线路减少对自然环境的不利影响。如果线路布设区域地质环境尤为复杂且自然灾害较多，将会大大影响地质选线的过程和结果。基于此，选择合适的地质路线可以有效的避开自然灾害，提升公路工程的抗灾能力，减少施工风险系数，确保施工的顺利开展。

（三）选择合适的环境路线

对于整体的公路设计方案来说，选择合适、正确的环境路线是非常重要的，可以实现公路建设与自然环境协调发展，具有一定的社会现实意义。在进行环境路线选择时，需要将施工地形考虑在内，增强环境保护的效果，使整体设计具备可行性、科学性与合理性。

三、路基设计

（一）关于路堑的设计

在进行路堑设计时，首先要对该区域的天气情况进行全面了解，对当地的地质情况、路面坡形等地理条件进行深入分析，以确保路堑设计工作的合理性。其次，在进行路面坡度、路坡形式设计时，需要根据现场情况确定设计施工方案，然后将原始稳固边坡和施工边坡进行有效的结合，再对已经完成的方案进行检测和试验。需要注意的是，在进行现场实际施工时，如果出现边坡比较高的情况，则需要根据周围岩石的状况及稳定性，挖掘台阶形状或折线形状的边坡，并在边坡的一个侧面配合一处滚落台的设计。

（二）关于高边坡路堤以及陡坡路堤的设计

首先，需要根据施工现场的地质情况、施工原材料的来源情况等进行合理设计。其次，在进行设计时，需要确保设计方案的可行性、合理性与安全性，确保各类地基的牢固性，并且具备足够的强度、稳定性、耐久性。此外，还要对施工现场的各个环节进行灵活调整，一旦出现不合适的地方，需要立刻根据现场施工的情况进行高效处理，以确保施工的安全性与稳定性，特别是高边坡路堤以及陡坡路堤的设计，更要逐一进行针对性设计和检查，从而确保设计方案更合理、更安全。

（三）关于路基填挖交界位置的设计

如果开挖区域出现了岩石地质，则需要使用石料对路基进行填充；如果开挖区域出现了土质条件，处理的原材料需要具备良好的渗水性能，并将土工格栅安装到路基填挖交界位置，检测和观察地质状况及地下水的渗出情况，最后明确渗沟的设计方案。需要注意的是，要在设计方案中合理设计纵横向地下排水沟渠。

四、路基排水设计

（一）靠近河流处的排水设计

如果公路靠近河流区域，可能会对路基造成冲刷等不利影响，因此，一定要格外重视路基的排水设计。首先，对公路经过的河流进行全方位的水流情况观测，尤其是发生四季变化时水流的涨跌情况；其次，再根据观察和记录的水流情况进行针对性分析和设计，以提升公路的抗灾能力，同时加强河岸水土流失的控制能力，减少河流对河岸的水侵蚀。

（二）隔离带的排水设计

公路两侧经常会种植植物，形成植物隔离带，但此类隔离带很容易出现积水的情况。因此为避免出现积水，需要进行隔离带的排水设计，最经常使用的方式就是将防水层安装在隔离带下方，并且安装好排水管，如此一来，一旦产生积水，就可以通过排水管及时排出，有效地避免隔离带出现积水的情况。

（三）路基边坡的排水设计

进行路基边坡排水设计，是为了预防水对路基的危害，因此，要将水排放到离路基较远的地方。在进行设计时，将排水沟安装在路基两侧的合适位置即可。

随着我国经济的发展，公路建设也在与时俱进，施工的范围越来越大，有效提升了人们的生活水平和出行便利度。但在公路工程建设中，路线的布设及路基设计仍然是一个重难点，值得公路人不断去探索和研究，相信随着设计水平和施工技术的提升，路线布设和路基设计问题将会得到一定的改善和解决，从而促进我国公路建设的又快、又好发展。

第五节 基于高边坡稳定性及治理的公路工程设计

公路工程建设中不可避免地遇到高边坡，这种常见的情况对工程施工及运营维护安全性极其不利，边坡的变形、滑塌等事故频频发生，阻碍了公路工程的发展，需要设计人员针对不同的地质情况下的高边坡进行科学合理的方案设计。本节通过分析公路工程高边坡稳定性的影响因素，研究了高边坡的破坏机理，结合高边坡稳定性分析方法，提出了边坡稳定性设计要点和处治措施。

一、公路高边坡稳定性影响因素

（一）地质条件因素

公路工程边坡稳定性的影响因素很多，不同的岩土特性和地质构造对边坡稳定性的影响程度也不相同。边坡的地质构造是其稳定性的基础因素,包括抗震、溶洞、岩石的风化程度、节理特性、顺逆层边坡等。岩土的基本特性是高边坡稳定的基本因素,不同土体的黏聚力和内摩擦角等参数有明显的差异,黏聚力和内摩擦角是土体稳定性的物理力学特性,边坡坡度大于自身的物力力学特性时很难保证土体的稳定性,受扰动时就会发生整体失稳破坏。岩质边坡受岩石强度、节理裂隙发育程度、软弱结构面的影响,在外界的干扰下往往最弱的岩石连接界面最先发生错动失稳破坏。

(二) 水文地质因素

地下水的存储及补给受当地气候条件的变化的影响较大,而地下水的存在及活动影响着岩土的基本物理力学特性,决定着岩土体的力学特性能否满足工程设计标准要求,对边坡稳定性影响很大。地下水的运动改变了岩土体的剪切和法向力,当地下水进入一些裂隙或相对薄弱的结构面内时,会削弱岩土的结构抗力,使边坡形成松散体或滑动体。冬天岩土体中的地下水不能及时排水则会冻胀开裂失稳。

(三) 设计因素

设计前期地勘资料不详细,对高边坡土体的物力力学特性把握不到位,设计的边坡高度、坡率及支护形式不足,高边坡的稳定性无法得到保证。

(四) 施工因素

建设中的施工工法也影响着高边坡的稳定性,不科学的削坡方式、坡顶堆载、支护不及时等不合理的施工方法破坏了岩土体的结构构造,导致边坡体失稳滑塌破坏。

二、高边坡破坏机理及稳定性分析

(一) 边坡破坏机理

边坡失稳破坏经历变形和破坏两个阶段,在外界因素作用下边坡先发生变形,当变形积累到一定程度则会发生失稳破坏,边坡在失稳破坏前伴随着变形特征,在了解高边坡变形破坏机理和破坏模式下,有针对性地对边坡进行设计加固。边坡变形一般为结构体蠕动变形和岩土体松动变形及边坡开挖成型后的卸荷回弹变形,发生在结构体内部通过监控量测进行观察掌握。结构体内部的细小变形不断发展则演变成土体剥落、滑动、崩塌、弯曲倾斜等破坏模式。

(二) 边坡的稳定性分析

根据边坡体的物力力学特性、几何尺寸、表面形态和外界荷载条件,边坡稳定性分析的方法分为工程类比法、瑞典圆弧条分发、整体圆弧滑动法。工程类比法在边坡设计中用到的较多,它是根据地勘提供的地质资料和现场地形走势,参考《工程地质手册》和其他类似工程设计边坡坡度值,作为边坡稳定性判断方法;瑞典圆弧条分发通常预先假设,采用块体极限平衡理论来计算稳定性系数,边坡稳定性系数是反映边坡稳定状态的指标,是抗滑力与下滑力的比值,值的大小反映了边坡稳定程度,值越大边坡越稳定;整体圆弧滑动法是按照极限状态时均质边坡内摩擦角、坡角与稳定系数之间的关系曲线,计算土体的极限高度，当实际高度超过这个极限高度值时，则视为该边坡是不稳定的。

三、公路工程边坡治理设计原则

（一）预防为主的原则

在进行道路线性设计时，做好前期的地调工作，尽量避开地质情况复杂和易发生地质灾害的深挖高边坡路段，如果避免不了则设计合理的边坡加固措施，加强边坡土体强度，保证高边坡的稳定性，做到事前预防，减少后期事故的发生概率。

（二）针对性根治原则

边坡的稳定性受施工的影响较大，在建设中应根据边坡土体的具体影响因素，深入分析造成边坡失稳的原因，有针对性地制定相应的处治方案，严格按照治理方案进行施工，确保工程质量，争取一次性解决边坡稳定问题，不留后患。

（三）兼顾经济与技术的原则

设计时要综合考虑治理的经济效益，在满足相关标准要求的情况下，制定不同的边坡治理方案，尽可能选择最优成本较低的治理措施。在兼顾经济的同时充分考虑边坡治理的技术措施，优化施工步骤、选择技术与经济最佳的方案。

（四）综合性治理原则

造成边坡失稳的因素有多种，危害程度也不尽相同，在治理时充分考虑病害的成因及危害，分清主次因素，结合现场监测数据，关键性的综合治理，消除高边坡失稳的危害。

四、高边坡设计和治理措施

（一）设计要点

1. 设计要建立在对工程地质资料详细调查的基础上，消除或规避不良地质对边坡稳定性的影响，设计人员应高度重视提前预防，如需有科学合理的加固方案，确保高边坡施做和运营的安全。

2. 根据实际情况详细研究高边坡病害产生的原因，提出相应技术解决方案，避免安全隐患的发生，对提出的技术方案进行经济性分析，以技术可行和成本投入合理为设计目标，实现高边坡处理的科学和经济效益。

3. 引起边坡失稳的因素较多，有设计也有施工方面的原因，在制定处治方案时，综合考虑各方面的因素，从技术质量和管理上进行综合考虑，避免高边坡失稳的发生，同时设计中需要结合环境及美观性，制定实用和合理的综合性处治方案。

（二）高边坡治理措施

1. 合理选择高边坡设计方法

高边坡设计方法分为经验对比法、工程地质对比法和力学计算法，结合工程实际情况，制定科学合理的边坡治理设计。经验对比法主要以设计人员主观经验，把当前工程的地质条件等与已建成的边坡工程进行对比，选择合理的边坡参数进行设计；工程地质对比法是结合自然稳定的边坡坡率与要设计的边坡进行比拟，进行合理的工程地质验算；力学计算法是在收集工程的地质情况及岩土体的物力力学参数，对高边坡的设计坡率进行力学稳定性计算。对于设计人员来说要根据自身条件和资源选择合理的边坡设计方法。

2. 做好边坡的防水及排水措施

近年来，据统计我国多数的高边坡失稳破坏大多是由于排水不畅，导致边坡被水长时间浸泡，使岩土体软化，降低了岩土体的抗剪强度和承载能力，使结构体沿着某个软弱结构面发生滑移破坏。因此，做好边坡的排水措施是非常有必要的，使边坡岩土体周围和表面不存在积水或汇水，可以根据工程实际情况设计排水沟、排水管或渗水通道的方式对边坡周围的水进行排放，有效地改善边坡稳定性的环境需要。

3. 加强坡面支挡与防护

设置挡墙或抗滑桩。根据边坡滑动的危害和程度不同，针对小型的滑坡可以通过设置预应力锚杆、加筋土挡墙等方式实现良好的防护效果。对于中大型的滑坡，挡土墙难以得到良好的防护效果，考虑在滑动剪切面中埋设抗滑桩，增强土体抗剪强度，与挡墙相比更具有方便灵活的特点。

第六节　BIM 技术在公路工程设计中的应用

公路工程是国民性基础工程，是交通运输行业重要载体，直接影响交通运输行业发展。所以，应对公路工程施工质量引起一定重视，深入探究、创新公路工程管理以及施工技术，实现公路工程的高质量、高水平发展。BIM 技术是一种新型三维立体建模技术，已经被广泛应用于公路工程施工之中，但是，由于我国 BIM 技术起步较晚，尚处于初步探索阶段，需要在实践中不断改进，完善 BIM 技术在公路工程中的应用，推动我国公路事业实现更好、更快的发展。本节结合 BIM 技术的定义与特点，深入分析了 BIM 技术在公路工程设计中的具体应用，为推动 BIM 技术形成完善体系，提升我国公路工程质量提供了宝贵的借鉴性经验。

一、BIM 技术定义

BIM 技术是一种新型数据化、信息化技术，以计算机技术、大数据作为技术支持，构建起清晰、直观的工程三维模型。应用 BIM 技术首先应对工程项目对象进行信息搜集，对项目信息进行整理、筛选、整合，筛选出有用的工程信息数据资料，通过计算机技术结合有用信息构建工程项目三维模型，能够方便设计人员随时对项目设计进行修改、完善。对整个设计以及施工过程实施全程动态监管，有利于完善项目设计方案，有效的控制项目材料成本、人工投入成本等，实现工程项目经济效益与社会效益的同步提升。

二、BIM技术在公路设计中应用优势

（一）提升工程数据计算精准度

在公路工程设计环节应用BIM技术，能够将公路工程信息清晰、全面地展示在三维模型之上，方便技术人员将整合信息与公路工程实际信息进行对比，及时找出工程设计方案中的不足之处，完善设计方案，避免在实际施工时出现工程事故，能够有效的规避工程施工风险，提升公路工程施工整体安全性。BIM技术应用在公路工程设计之中，通过计算机技术、大数据与专业人工对信息数据的筛选，能够有效的提升工程数据信息获取精准性，同时也提高了公路工程数据信息获取效率，为编制科学合理的公路工程设计提供了强有力的数据支持。

（二）加强不同部门之间联系，提升互动性

传统的公路工程设计缺乏与业主方的沟通，只是在设计之前，与设计完成之后与业主方进行意见交流，导致业主方的诸多意见不能及时、准确的在设计方案中显示出来，需要进行多次修改，既浪费时间，也造成人力成本投入加大。BIM技术能够有效改善这一问题，BIM技术能够有效将不同部门与不同施工环节联系起来，促使各个项目参建方面加强交流，能够整合不同优秀建议，实现资源的高效配置，以提升公路设计方案的实用性与整体性。

（三）提升公路设计方案水平，优化设计方案各个环节

公路工程是一项涉及环节较多的综合性复杂工程，所以，公路设计也是一项较为复杂、专业的工作环节，需要结合公路工程实际情况不断做出调整、改善。公路设计中，各个环节之间联系性强，只要有一个设计环节出现了错误，就需要设计人员再次投入大量的人力、物力、财力进行设计方案完善，尤其是对数据的再次整理和筛选，工作量大，极大地降低了工作效率，不利于对公路工程成本实现有效控制。BIM技术的应用极大地改善了上述情况，使用BIM技术，能够优化公路工程数据信息，提升数据信息精准性，减少数据信息获取时间，提升工作效率与质量，从而实现优化设计方案的目标。

（四）可视化建模

BIM技术与其他技术最大不同就是使用参数代替数据信息，进行建模。将公路工程中各种数据信息以参数的形式表示，对不同参数进行分析，实现公路工程三维、立体模型的建立，能够准确、清晰地将不同施工环节以不同参数的关系表现出来。原有的最常使用的公路设计软件为CAD设计软件，虽然也能够呈现出设计图纸各个关键点，但无法将公路工程的整体以三维模型方式展示出来，BIM技术能够将公路施工各个环节的具体情况清楚的展现出来，极大地降低了公路设计中出现失误的几率，将企业经济损失降到最低。所以，在公路设计中应用BIM技术是十分必要的，应引起企业相应重视，不断实现对工程项目的优化调节。

三、公路设计中 BIM 技术的运用

（一）公路构件结构树的建立

在公路设计中，应用 BIM 技术，最为关键的就是构建完善的公路构建结构树系统，将各个施工环节、原材料使用情况、具体人工安排等清晰的规划在结构树的系统之中，有利于对公路工程整体实现动态控制，实现对公路工程数据信息的集中掌控，提升公路工程管理水平。在构建公路构件结构树时，应注意立足于公路工程整体，对公路工程按照不同的施工环节进行构件拆分。一般将公路工程构件拆分分为四个层次：①对公路工程实际情况进行全面勘察，例如，施工地段地形地貌、水文地质条件等，结合不同施工条件，对公路施工环节进行划分；②对以施工缝为界的功能组合进行细化；③进行工程量清算，重置工程资源配置，优化设计方案；④进行项目工程建模，按不同施工环节进行构件的细化分配，将各个构件整合在一起，完成公路工程构件结构树的构建。

（二）有利于对公路工程设计进行信息化管理

BIM 技术是信息化技术的优良产物，应用在公路设计之中，推动公路工程管理朝着信息化、现代化的方向深入发展。在公路设计阶段，应用 BIM 技术进行工程三维模型构建，能够及时准确的找出工程设计中存在的问题，完善公路工程设计，提升公路工程设计实用性与可行性，为公路工程施工提供科学有效的指导依据，提升公路工程施工质量。公路工程由于其施工场地、环境的特殊性，在施工中，存在许多不可控因素，设计方案也需随着不同因素的变化而进行修改。一旦发现施工设计与公路工程实际施工出现差异，可以直接更改工程三维模型中的相关参数，修改简单，不需要对整个工程设计进行修改，提升工作效率，确保施工进度，从而提升了公路工程整体施工质量。

（三）工程量统计和方案对比

通过使用 BIM 技术构建的三维立体工程项目模型，能够为公路施工全过程提供了强有力的指导依据，由于对公路工程施工各个环节进行细化，有利于将各个施工环节整合起来，计算出精准的工程量清单，确保工程量计算的准确度。通过对 BIM 模型的深入分析，能够实现对公路工程施工现场各个环节的模拟施工，有利于进行公路工程量清算，传统的工程量清算主要是依靠人力进行梳理，不仅工作效率较低，工程量计算精准度也常受到影响，通过 BIM 模型进行工程量计算，能够极大地提升工程量清算的效率与数据计算的准确度。同时，使用 BIM 建模技术，能够清楚、准确的分析出不同工程设计方案的优势，有助于选择出最佳工程项目方案设计，同时，能够随时更改建模参数进行工程设计的修改与调整，以确保公路工程顺利、高效完工，提升公路工程整体施工质量。

BIM 技术是一种新型的三维工程建模技术，广泛应用于各个行业之中，尤其在公路设计中取得了一定的成绩。所以，应该重视 BIM 技术在公路设计中的应用，为提升公路设计水平提供强有力的技术支持，推动我国公路行业实现健康、可持续发展，加快我国城市化建设，提升国家整体竞争力。

第七节 CAD 技术在公路工程设计中的应用

通过多年的设计实践，CAD 技术存储方便，而且使用的过程中快捷简便等诸多优点，逐步在工程设计的过程中扮演非常重要的角色，本节重点分析研究 CAD 技术在公路工程建设设计过程中应用，以供参考。

伴随当前计算机外围设备发展速度进一步加快，CAD 技术越来越完善、越来越成熟，形成了一门实用性的技术，广泛地应用于工程设计当中。

一、公路 CAD 技术在工程设计中的优点

CAD 技术在使用的过程中可以让劳动强度进一步降低，确保路面的整洁性，通过 CAD 绘图可以使用一只鼠标将所有想要做的工作完成，具有统一的字体库、线型库，而且图片在设计的过程中相对较为整洁，可以让设计过程中的工作效率进一步提高，相关设计可以进行再利用，其次可以让设计质量提高。在当前程序库数据库的帮助下，公路 CAD 技术逐步可以对设计的成果和经验进行继承，由于计算机准确、高速等诸多特点与人机交互设计进行有效的结合，可以更好地优化相关的设计方案，让工程设计过程中的质量进一步提高，控制工程投资的资金，保证工程建设过程中的规范化，最后在资料保存方面具有很大的优势。

二、CAD 技术在公路工程设计中的应用技巧

（一）在 Word 文档中插入 CAD 图形

CAD 软件有一些功能强大，在绘图方面巨大的优势，通过 CAD 进行图形的绘制，接着向 word 当中插入，形成复合型的文本，是将这些问题解决的重要基础。通过 CAD 形成 explode 功能，将 CAD 图形通过 wmf 或者 bmp 的形式输出，接着向 word 文档当中插入，也可以拷贝 CAD 图形，粘贴到 word 文档当中，另外需要重视的是因为 CAD 在设计的过程中，背景颜色默认为黑色，而 word 背景颜色默认为白色，所以在插入图片之前。首先需要将背景颜色改变，形成统一的效果，与此同时在 word 文档当中插入 CAD 图片的过程中，可能会出现空间过大等情况，无法获得较好的效果，所以通过 word 图片工具栏进行剪裁，可以做好相关的修正工作，解决空间过大的问题。

（二）CAD 表格制作

虽然在使用的过程中，CAD 的图形功能较为强大，然后在表格处理方面不强，在实际操作的过程中往往需要进行相关表格的制作，比如说，工程数据表需要高效的进行数据图表的工作，这是非常重要的一个问题。在 CAD 条件下手工进行画线对表格进行绘制，再在表格当中进行文字的填写的过程中，效率相对较低，无法对文字的书写位置进行精确

地控制，在排版的过程中也会出现很多问题，虽然当前CAD支持一些嵌入式链接对象，然而在进行Excel表格或word插入的过程中再修改不是非常方便，如果需要进行修改则需要进入Excel或者word当中。在完成修改之后再插入到CAD当中，另外一些二级钢筋符号、一级钢筋符号等特殊符号很难在Excel、word当中进行输入。通过进一步的探索分析发现，要想将这个问题解决，首先需要在Excel当中进行表格的制作，接着将其向剪切板当中复制到word，在CAD环境当中进行编辑，形成CAD的文档，将表格形成CAD实体之后，再用explode炸开，对相关的方字和线条进行编辑，这样操作较为方便。

（三）线宽修改

CAD形成了一种多义线宽修改命令，pedit可以修改多义线线宽，如果不是多义线，可以首先通过相关命令将其进行多义线的转化，再对其进行改变，然而pedit在操作的过程中相对较为复杂，每次只能对一个实体进行选择，在操作过程中效率不高。而CADR14附赠程序Bonus，产生了mpedit的命令，可以批量的对多义线环境修改。在操作的过程中较为方便，而且在CAD当中能够在属性当中对线宽进行定义，只需要将线框当中实体改变，对其属性进行更改，就能够修改线宽，与此同时多义线线宽同LineWeight都可以对实体线框进行控制，区别在于LineWeight在控制线宽的过程中控制实体线宽，而多义线线宽主要对相对线宽进行控制，也就是说不管图形通过多大的尺寸进行打印，LineWeight在线宽方面不会出现较大的改变，而多义线的线宽可以依照打印的尺寸灵活的进行调整，无论进行多少倍的缩放LineWeight在线宽方面都不会改变，而多义线可以随着打印缩放的情况进行改变。

三、CAD技术在公路工程设计中的应用

（一）CAD在公路工程业外测量中的应用

在公路勘测设计的过程中，外业测量是非常重要的一个环节，是进行建筑施工信息获取的基础。在当前工程勘测技术信息化发展时代，遥感技术、GPS技术的综合应用让勘测实效性进一步提升，这些勘测技术在应用的过程中有机地结合了上述工作环节，在处理分析管理的过程中的效率进一步提升，形成了大量数字化勘测的结果。CAD技术可以基于这些探测技术进行联用，将相关的测量结果向计算机当中导入，利用图形处理的功能对各工程图纸进行直观的体现，方便操作人员进行调用和查询。与此同时，在外业测量的过程中，通过CAD技术能够有效地与对传统设计的工作流程进行整合，有效的联通勘测和设计的各个环节，通过基础信息数据的标准化传输，让外业测量信息应用得以实现，工程勘测过程中实际效率进一步提升。

（二）CAD在公路工程工程内业设计中的应用

在公路工程选项设计的过程中，涉及各个环节和内容，比如说水文、地质、地形、地貌等，都会对选线方案产生直接影响。在工程线路设计的过程中，通过CAD技术能够对前期工程公路开设的结果进行充分的考虑，形成可视化的图纸，进一步深入研究路线的选

择情况，在可视化的条件下积极参比各种数据，比如说，地质条件和流水，都能通过相关数据的分析和研究，可以提高公路选型设计过程中的科学性、合理性，为后续的工作打下坚实的基础。

（三）桥梁设计

在桥梁设计的过程中引入 CAD 技术，可以形成丰富的模型数据库，让桥梁设计更为标准化。桥梁工程的各个构件设计和分布结构具有较大的信息量，在实际设计的过程中，设计人员需要投入大量时间进行分析和比对，CAD 技术为桥梁设计打下了坚实的基础，形成了完善的标准化结构模型，设计人员可以合理地对应用模型进行选择，将桥梁模型应用到设计方案当中，并且优化相关的参数，对局部进行调整，形成理想的设计方案。

（四）涵洞设计

PCVX 是一种公路桥涵设计系统，可以有效地和 CAD 之间进行内存共享，另外还可以在 CAD 条件下进行成果图的绘制，这项技术可以进行多项图形的计算和绘制，符合图形布置的具体需要。与此同时，在对涵洞进行设计的过程中，PCVX 可以对数据库当中的内容进行整合，进行涵洞构造图的绘制，通过 CAD 计算机辅助软件对路基的测量参数进行确认，并且做好分析和修正的工作，为后期设计人员的设计打下坚实的基础，让设计的准确性提高。

第二章 公路工程施工研究

第一节 公路工程施工工艺

  随着我国经济社会的逐步发展，环境污染问题也日渐严重。所以，近几年各行业的发展方向趋于环保、低碳发展。当前社会发展程度不断提高，公路已经成为人们不可或缺的重要交通需求，交通运输业的发展也日益更新，国家对于交通运输业的重视程度也随之提高。在进行公路工程建设施工时，也应当加强节能减排理念的运用。所以，在此种发展背景下，亟待加强公路工程施工工艺中融入节能减排理念。本节浅要分析节能减排理念的公路工程施工工艺，并提出在施工过程中影响节能减排工作开展的影响因素以及如何运用节能减排理念提高施工工艺，以期促进公路施工的节能化发展。

  近几年，我国公路运输能力逐渐增强，促进我国经济快速发展，发展的同时，大量的公路工程建设也消耗了巨大的资源与能耗。由于公路工程建设项目较大，大部分时候都需要运用施工机械进行辅助施工。施工机械的频繁使用，不仅会使得燃油消耗较多也增加了燃油支出费用，最重要的是使用机着生活严重影响着生态环境。在公路施工过程中，如何减少资源与能源利用，进行节能减排？已经成为公路工程领域关注的热点问题。

一、重视公路施工工艺，节约资源与能耗

  我国经济的快速发展，公路的需求也日渐提高，原有的交通结构组成与现代化发展需求大相径庭。尽管每年国家与政府都会投入一定的资金，修建并维护公路。但是在公路施工过程中，也应当加强节能减排理念的融合、重视公路设计工作、节约土地资源、结合社会经济发展需求、优化设计方案。大部分公路在建设时路面等级以及服务水平等众多方面与社会发展有较大的差距。在新时期下，为了避免产生不必要的高标准及高指标，应当着重加强公路建设成本的控制，降低施工成本，优化建设方案以及公路内部构造，增强工程的耐久性与可靠性。通过完善并落实设计审查制度，将关于公务项目的相关设计方案进行对比，进而优化设计理念，能够减少公路大填大挖，降低公路建设维修过程中，对于自然景观与生态环境的影响，节约土地资源，通过建设生态路与环保路，加强环境美化工作，也能够方便人们出行。

二、降低施工机械能耗,加强操作人员业务能力

(一)降低施工机械能耗

公路在施工过程中难免使用大量的机械工具,机械工具在使用过程中消耗了大量的能源,严重影响着生态环境,所以要想融入节能减排理念,首先将工务、施工机械、耗油量将施工机械耗油量超标、机械状况使用较差、燃油燃烧率较低,并且并未进行修理或改进。对于以上种种机械工具的使用问题,应当进行修理,或者是报废处理,能够更换较为先进的施工设备,有效的做到公路施工机械中的节能减排。在施工之前,能够加强机械设备的维修与管理,日常工作中也应当加强机械保养,能够做到勤检查、常修理。能够仔细观察机械车辆的外表是否干净;机械内部是否水、油、液充足;是否能够使机械达到最佳的运行状态。进而保证施工机械降低耗能,加强机械的使用效率。

随着我国油价的上升,在公路施工过程中,机械燃油油耗成本已经成为亟待解决的问题。在施工过程中,应当在不影响工程质量的前提下,降低施工车辆的自身重量,对于不必要安装的附加设备进行拆卸。采取适当的维修措施,降低或减少机械车辆使用中的阻力。机械车辆在使用过程中,如果遇到不平坦的路面,行驶阻力较大,产生的油耗也会增加,所以应当加强公路施工便道的修整,能够保障施工现场的路面平整。机械车辆在运行过程中,车轮混受到轮胎气压的影响,所以应当合理的选择轮胎气压,进而减少油耗。机械车辆根据相关规定的在核承载重量,有助于提高运输效率,降低油耗。在使用过程中选择适当的润滑油能够减少发动机功率消耗、降低燃料的消耗,应当选用不同规格以及种类的润滑油,进而提高机械设备的使用效率。

(二)加强操作人员业务能力

开展公路施工过程中,也应当加强对机械操作人员的操作技能培训,使操作人员能够正确认识机械设备的使用技能,加强自身思想素质。在施工过程中,对于一些大型机械设备,应当做到统一管理,并分配具有综合技能的操作人才。虽然部分设备对于技术要求与综合技能较低,但是使用频率较大的设备,也应当进行充分重视,可以交至基层部门进行管理监督,由施工企业统一监管。在施工过程中,根据主次地位以及项目部的需求,采取恰当的管理措施,保障机械设备在投入使用过程中能够立即使用,防止机械设备出现故障问题,或者是存在安全隐患,提高机械设备的利用效率。

三、合理利用废旧材料,降低施工成本

在公路施工过程中,常采用石灰、石料与水泥等传统施工材料。这些施工材料成本较高,并且对生态环境的破坏较为突出,所以,应当加强对废旧材料的合理开发利用,结合自然资源与能源保护生态环境,能够将废旧材料取代传统的筑路材料,促进公路施工的绿色化发展。

(一)合理利用废石料

近几年,我国各地石材加工企业发展蓬勃,但是石材开采与加工工艺却发展落后,在

石材采用过程中产生了大量的废石料，严重影响着生态环境，造成资源浪费。所以，在公路施工过程中，应当融入节能减排理念，能够对石材加工产生的废石料进行合理利用，在公路两侧的边坡设计以及排水沟设计，可以采用浆砌块石，也可以用块石格栅代替边坡的绿化混凝土格栅。能够运用大量的石油化工路施工资源，在施工过程中能够优先考虑使用路基石方产生碎石以及石材加工产生的废石料，有效做到资源再次利用。

（二）合理利用老路面结构层

将原有的旧路面基层进行再冷却，根据一定厚度破碎处理并加入相关规格与数量的集料与张合同根据配比进行拌和，通过整形与碾压使其达到施工所要求的工艺。运用旧路基层冷再生，能够充分利用原有的路面与路基材料。减少对碎石的使用数量，提高资源利用效率。对于旧水泥混凝土路面的大面积破坏，则可以通过局部挖除，或者是压浆等方式，在旧路改造时，对于整个旧路结构层压实消除脱空在旧路改造时，对于整个旧路结构，层压实消除、脱空把在旧路改造时，对于整个旧路结构层压实消除脱空板位移，在旧路改造时，对于整个旧路结构层压时消除脱空板位移。破碎的路面重新铺筑后，能够防止反射裂缝、缩短施工周期、并降低施工成本。

（三）再生利用沥青路面材料

将所需要翻修或者是废弃的旧沥青混凝土路面进行再生利用，通过翻挖、回收与破筛分筛分等，加入适量的新沥青与骨料进行拌合，使其具有良好的使用性能的再生混合料。将再生混合沥青路面材料进行再次利用，能够降低沥青混凝土的使用有助于节省沥青与砂石材料，降低施工企业资金投入，做到有效处理废料的同时，又保护资源环境，提高企业经济效益与社会效益。

综上所述，我们能够看出，在公路施工建设过程中，融入节能减排理念，优化公路施工设计，降低施工机械产生的能耗以及资源浪费等众多问题。加强对操作人员的技能培训，利用废旧材料进行集约化建设，有助于降低能源消耗，进而达到节能减排，这也是国家发展的政策要求，也是施工企业提高自身经济效益的重要手段。

第二节 公路工程施工的建设与改进

一、公路工程施工建设的重要作用

随着各地联系增强和经济社会发展，加强公路工程施工建设是必要的。作为施工人员和施工单位，有必要结合现场的基本情况，制定健全的管理制度与措施，然后严格执行和落实相关规定，使其更好约束和规范工程施工，让工程建设取得更好效果。

（一）增进不同地区联系

公路工程建设能有效增进不同地区联系，满足车辆通行需要。整个施工过程中，施工单位应制定健全的管理制度，明确施工人员具体职责，让他们严格按要求开展工程建设。加强原材料质量控制，保证每道工序质量合格。进而能有效地规范和约束施工，防止质量缺陷发生，促进公路工程施工任务顺利完成，满足车辆通行需要，有利于增进不同地区联系。

（二）方便人们日常出行

通过加强公路工程建设，增进不同地区联系，能有效约束和规范工程施工，保证公路工程质量。进而为车辆安全顺利通行提供保障，有利于预防桥头跳车现象发生，让工程施工取得更好效果，同时也方便人们日常出行。

（三）推动经济社会发展

加强施工建设和工程质量管理，不仅能有效约束公路工程施工，还有利于保证施工效果，预防裂缝、沉陷等质量问题发生，提高工程效益。作为施工单位，有必要根据现场基本情况，制定完善的管理制度与措施，让施工人员按要求开展工程建设，把握每个细节，加强每道工序质量控制。进而保证施工任务顺利完成，防止质量缺陷发生，有利于满足车辆通行需要，方便人们日常出行，最终更好推动经济社会发展。

二、公路工程施工建设存在的不足

尽管公路工程施工建设具有重要意义，也受到施工单位和施工人员重视。但不能忽视的是，目前在施工过程中，部分施工人员责任心不强，没有严格落实质量管理与安全管理制度，制约工程效益提升，存在的问题表现在以下方面。

（一）材料质量不合格

对施工材料质量管理不重视，忽视材料供应商基本情况调查，导致采购的材料质量不合格。此外，材料试验检测不到位，抽检工作被忽视，没有按要求加强防潮防水，制约材料综合性能提升，最终影响公路工程建设效益。

（二）质量管理被忽视

正式开展施工前，没有按要求加强现场巡视和检查，对公路工程建设基本情况不了解。未能根据工程施工实际情况，制定完善的质量管理制度，对质量控制目标和要求不了解，质量管理人员具体职责不明确。再加上施工过程质量管理被忽视，未能有效保障每道工序施工效果，最终导致裂缝、沉陷等问题发生。

（三）安全管理不被重视

施工单位将工作重心放在如何拓展市场，提高工程效益等方面，对安全管理不重视。未能结合公路工程建设基本情况，制定完善的安全管理制度，没有明确施工班组和施工人员安全管理职责。再加上现场巡视和检查不到位，对可能出现的安全隐患没有及时排查，最终可能导致安全隐患发生，给公路工程施工带来不必要损失。

（四）成本控制不到位

施工预算不合理，没有对资金使用做出科学合理安排，难以有效指导工程施工。再加上忽视成本动态控制，不注重施工过程的成本管理，材料费、机械费和人工费控制不到位，未能将实际成本消耗与成本控制目标进行对比，对存在的缺陷没有及时采取修复措施。此外，设计变更审核不到位，导致出现不必要的设计变更，增加工程建设成本。施工合同管理被忽视，未能认真履行职责和义务，增加不必要资金支出，甚至给公路工程施工带来不必要损失。

（五）工程质量检测和验收被忽视

部分施工单位在工程建设任务完成后，没有按要求开展质量检测和验收。即使安排工作人员开展质量检测和验收，也没有严格落实相关规定，忽视详细和全面采集数据资料。未能按要求对数据进行分析，对存在的质量缺陷没有及时修复和处理，难以确保公路工程建设效果。

三、公路工程施工建设的完善措施

为弥补公路工程施工建设的不足，提高工程质量和效益，使其更好满足车辆通行需要，也为人们日常出行奠定基础，有必要采取以下完善措施：

（一）加强材料质量管理

材料质量控制是关键内容，也是确保公路工程建设效果的基础。正式采购施工材料之前，应该对供应商基本情况开展调查，从质量可靠、供货及时到位的供应商采购施工材料。然后严格按要求试验检测，详细掌握施工材料各项指标，保证材料质量合格。对于不合格的材料，一律不得将其用于公路工程施工。对运往施工现场的粗细集料、外加剂、水泥、沥青、钢筋等材料也要严格抽检，保证质量合格。重视防潮防水，保证施工材料综合性能良好，使其有效满足公路工程施工规范要求，为提高工程质量奠定基础。

（二）健全施工质量管理制度

作为施工单位，应该提高对质量管理的重视程度，深入施工现场调查，详细掌握公路工程建设基本情况，然后制定健全的质量管理制度，严格落实各项规定，使其有效规范工程施工。落实质量控制责任制，明确施工班组和每位施工人员质量控制的具体职责，让他们按要求开展公路工程施工，落实各项施工技术措施。要重视新技术和新工艺应用，顺应时代发展趋势，保证每道工序质量合格。要注重预防裂缝、沉陷等质量问题发生，实现对工程质量的严格控制。加强路基、路面工程质量管理，防止边坡滑塌现象发生，确保施工效果和工程质量，使其更好满足车辆通行需要。

（三）注重施工安全管理

提高对施工安全管理的重视程度，将施工安全管理摆在突出位置，防止事故发生。建立健全的施工安全管理制度，实现安全管理制度化与规范化。明确管理人员具体职责，落实责任制，让管理人员认真遵循安全管理措施开展各项工作，避免发生安全事故。加强施工现场巡视和检查，及时排除可能存在的安全隐患，防止因安全事故发生而带来不必要损失。一旦发生安全事故，要立即采取控制措施，避免事故发生给工程施工带来损失。

（四）落实成本管理制度与措施

根据公路工程建设具体情况，制定科学合理的施工预算方案，对资金使用做出科学合理安排，确保预算到位，有效指导工程施工。加强成本动态控制，对存在的不足及时采取修复措施，一旦发现成本超支现象时，应该立即调整。重视人工费、材料费和机械费控制，将成本实际控制情况与控制目标进行对比分析，发现不足时应该采取调整措施。严格审核设计变更，防止出现不必要变更，避免成本增加。加强施工合同管理，认真履行职责和义务，避免出现不必要索赔，避免资金浪费，让公路工程施工取得更好效益。

（五）重视工程质量检测和验收

公路工程施工任务完成后，应该重视质量检测和验收，详细掌握施工基本情况。要安排专门人员开展该项工作，并加强相关规范标准学习，严格落实取样和试验检测规范流程，把握质量检测要点。进而准确获取数据资料，按要求开展分析工作，客观、公正评定工程质量状况。对公路工程施工存在的质量缺陷，应该要求施工单位立即采取修复措施，直至满足施工规范要求为止。

公路工程施工建设中，健全管理制度与措施，改进工程施工存在的不足是必要的。作为施工单位和施工人员，应深入现场调查，详细掌握公路工程建设具体情况，然后制定健全的管理制度与措施，对存在的不足采取完善对策。从而更好的约束和规范公路工程施工，预防裂缝、沉陷等质量问题发生，延长公路工程使用寿命，使其更好满足车辆安全顺利通行需要。

第三节 公路工程施工技术

一、公路工程施工技术要点

（一）预应力混凝土结构施工技术

我国的公路工程施工预应力混凝土结构技术，来源于20世纪50年代的苏联，预应力筋主要采用经过冷处理的普通钢筋，技术生产设备比较简单，符合我们当时的发展现状和发展能力，能够有效促进我国当时预应力混凝土技术的发展。但是20世纪50年代的苏联，预应力混凝土技术主要针对零件的截面进行核算，很少涉及零件的结构。虽然我国针对这一问题进行了不断改进，但是还是没有摆脱苏联混凝土预应力技术的限制。而在改革开放之后，我国的预应力混凝土技术发展迅速，不仅发展了多种预应力结构体系，而且在材料研究方面取得了巨大成效，发展了高强度、高性能的混凝土技术、高强度的钢材等材料，并在研究张法预应力的基础上，总结出了适合我国建筑施工的成套施工预应力技术。

（二）路基施工技术

路基的材料和压实效果直接影响到路基的施工质量，现阶段我国主要采用压实工艺和改进填土的技术,来提高路基施工质量。而在选择材料的过程中,我国主要实用CBR路基强度,并在施工的过程中引入了路床等先进的建筑工程概念,促进了我国地基夯实技术的发展。而且,现阶段我国主要采用大吨位压路机来进行路基压实,路基碾压效果不断优化。但是,在潮湿地区的路基压实过程中,公路施工有着很大的难度,施工队伍必须根据路基状况调整路基施工技术,避免高强度压实对路基的破坏。在软土路基施工的过程中,主要采用土工合成材料技术、轻质路提技术和灰土挤密桩技术等。现阶段,我国的路基施工技术也在不断完善,坡面防护技术、冲刷防护技术和支档防护技术等有了较大的进步。

(三)路面施工技术

首先,随着公路施工技术的不断进步,我国水泥混凝土的稳定性、刚性和抗疲劳性不断提升,线型不断朝着美观和顺畅的方向发展。水泥混凝土路面不仅应用在城市的出口路段,而且被运用在山区公路路面上,增强了山区公路路面的适应性;其次,路面施工技术要求路面材料的指标符合施工的规范、施工设备和施工工艺具有连续性。同时,在施工过程中需要使用精平提浆能够有效增强路面平整度;再次,随着科学技术的发展,很多新材料和新技术都被运用到路面施工的过程中。施工单位应注重材料的质量,避免劣质路面建筑材料的施工。为此,施工单位应对施工材料进行检测,选择符合施工要求和技术标准的材料。而且,施工设备对路面施工也有着重要影响,施工设备应满足路面施工要求,采用高质量摊铺机和轮胎压路机;最后在路面施工的过程中,施工单位应严格要求各项检测指标,执行施工规章制度,进而保证路面的施工质量。

(四)新旧公路结合技术

在大批量运输的要求下,我国之前修建的公路通行条件和承载力已经难以满足交通运输的要求,需要相关建筑单位改建公路。而公路改建的一般方法是将道路双侧或一侧加宽,并对具体对公路部分进行针对性处理。但是,由于原来公路的坡度和路基受自然条件和其他因素的影响,已经无法满足公路的填方要求。在这种情况下,公路改建要根据公路的实际状况来采取相应的处理措施,以增强公路新建厚度和处理厚度的一致性。而现有的公路路基处置方法主要有土工栅栏处治技术和挖土质台阶技术等。在新旧公路结合的过程中,路面处治十分烦琐,对施工技术的要求最高,新旧公路的指标应具备较强的一致性,保证新旧公路的承载力和通行条件。

(五)公路与桥梁过渡路段施工技术

现阶段,我国对路桥过度施工研究还比较薄弱,路桥过度施工多在桥头设置路桥搭板,如果路桥搭板被破坏,会增加施工难度、提高维修成本,并且也会严重影响车辆通行。意大利、德国等国家在路桥过渡施工等过程中不设置桥头搭板,需要严密计划后台填筑并严格要求施工。在路桥过渡施工的过程中需要处理好桥背的软弱地基,采用超载预压法、排水固结法、换土法等方法来控制桥头跳车。并且,施工需要根据路桥的实际情况采取施工技术,以改善施工基地的性能、提高施工基地的承载力、缩小桥台和路基之间的沉降差、减少路面沉降。如果没有处理好路桥过渡段的排水,会导致路基连接处渗水,严重影响路面和路基的稳定性。因此，施工单位应根据路面施工材料、渗水量和降水量来选择恰当的排水方式。

二、公路工程施工技术的特点

目前，我国主要采用水泥混凝土路面施工技术。这是因为，水泥混凝土的抗压强度较高、耐水性强、使用寿命较长，而且具有维护费用低、稳定性较强等优势。随着公路建设的发展，我国水泥混凝土技术不断成熟，水泥混凝土在公路施工中的应用越来越普遍，在道路建设中发挥着重要作用。虽然水泥混凝土的刚性较强、硬度较大，但是行走舒适度和行车舒适度远远低于沥青路面。但是在平整度上，水泥混凝土远远高于沥青路面。

现阶段，滑模摊铺技术被运用在水泥混凝土路面建设的过程中，能够有效提高路面的平整度。但是，滑模摊铺技术属于一种新的施工技术，在使用过程中还存在着很多不完善的地方，需要技术研究人员不断改进。并且，由于滑模摊铺技术还处于初步应用，资金需求较大，大多数公路施工都没有使用这种滑模摊铺技术。

公路工程施工技术具有经济性优点。具体来说，首先，公路施工是一种经济和技术相结合的活动，受到技术、经济发展等方面的限制，需要充分考虑施工的具体路况、施工规模、施工投入、施工材料等各个方面，严格按照施工标准开展施工。并且，道路施工比较复杂，需要各部门和各岗位的相互配合；其次，公路工程施工具有较强的流动性，需要进行大范围线路施工，而且，施工地区分布不均匀，很容易造成剩余产品无法移动等现象。并且，施工人员和施工机械设备的移动会增大施工管理的难度；最后，公路施工的周期较长，受自然因素的影响较大，很多施工单位考虑资金和技术问题来选择施工技术。并且，在面对不可避免的自然因素时，施工单位需要根据自然条件及时调整施工技术和施工计划。

三、公路施工技术存在的问题

首先，部分施工单位在公路施工时忽视了公路岔口位置的设置，在很多不应该设置岔口的地方设置了公路开口来满足人们的交通需求。但是，这种设置会严重影响交通的安全性，隐藏着巨大的交通安全风险；其次，很多公路的路面不平整，甚至发生路基沉降现象。并且，有些路面在修建的过程中采用加大的起伏坡度，导致交通事故频发。还有一些施工单位在公路工程施工的过程中为了获取私利而采取劣质施工材料，导致施工质量交叉，公路投入使用没多长时间就产生路面破损等现象；最后，我国不同地区的自然环境有着较大差异，无法运用统一的施工规范。施工技术在不同地区会面临着不同的问题，例如，沙漠地区缺乏黏土和砭石等建筑材料，而且，沙漠地区的水资源短缺，需要从其他地区引入水资源、黏土、砭石等建筑材料，施工成本较高。并且，沙漠地区的地质十分特殊，需要较高的施工技术水平来增强公路的稳定性和坚固性。又如，黄土地区长期受到流水的侵蚀和冲刷作用，会形成特殊的地理环境，湿陷、滑坡等自然现象会严重影响公路建设。在这种情况下，施工单位必须采用有效的加固技术来增强路基的稳定性。

四、公路工程施工技术问题的解决措施

首先，公路工程施工应严格按照我国颁布的《公路工程施工技术标准》进行施工，尤其要严格按照规定的施工标准来解决施工技术问题；其次，公路工程施工单位应合理选择施工材料，使施工材料能够适应当地的水文环境和自然地理环境，并根据当地的施工状况进行技术创新，在保证施工质量的基础上尽可能降低道路施工成本；再次，对于已经建成而出现裂缝、沉降等现象的公路，需要采取相应的技术措施进行公路修复和养护，以保障公路的稳定性，避免交通安全事故的发生；最后，在桥梁和公路过渡阶段施工的过程中要采用后张法，保证压浆技术和张拉技术，并积极实用新材料、新设备和新技术以提高公路施工水平。并且，在路桥过渡阶段施工中应使用符合施工标准的灰剂量，并采用台背回填压实技术，来提高公路工程的强度，避免出现桥头跳车现象。

第四节　公路工程施工阶段审计的难点

公路工程审计是控制公路工程投资的一个关键环节，工程审计主要采取经济、技术、法律等手段，公正行使权力，确保该项目的总投资控制在计划投资范围内，力争使工程总造价降低。本节从公路工程在施工阶段的审计，分析公路工程审计的难点，从而给出合理的建议。

一、公路工程施工阶段审计的难点

（一）工程量清单、工程量清单计价文件的审计难点

1. 招标人对施工招标文件编制不够重视。招标文件部分条款约定不够清晰、明确，对某些事项考虑不够周全，甚至某些条款与工程量清单计价规范存在矛盾。这些都会影响工程量清单、工程量清单计价文件的审核工作。招标文件编制的好坏，相关条款和计量方法约定的清晰程度、考虑周全与否都会对工程量清单、工程量清单计价文件审核带来较大影响。此外一旦招标、签订施工合同后，在工程实施过程中，这些条款和计量方法很容易与承包人发生歧义或争议，增加建设项目投资控制难度。

2. 招标所用图纸设计深度不够，部分设计内容不明确或不准确，工程量清单、清单计价文件审核时无从判断，影响工程量清单、清单计价文件审核的准确性。

3. 工程量清单编制质量较差，项目特征描述与图纸不吻合或表述不清楚、不完整。编制的工程量清单在实际施工时出现较多漏项、缺项情况；工程量清单有部分子目存在与设计图纸脱节情况；清单工程数量与施工图纸数量差异较大等；有些工程量清单编制说明存在大而空、不具体、缺乏针对性的现象。这些情况较容易造成投标人误解从而增加了工程量清单、清单计价文件审核难度。

4. 编制工程量清单计价文件时，由于编制时间紧迫、没有进行施工现场调研、没有仔

细分析施工组织方案。

5. 一些特殊材料或新型材料难以市场询价，编制或审核人员对一些特殊施工工艺不熟悉。

（二）计量支付方面的审计难点

1. 计量支付滞后

计量支付滞后在各建设项目十分普遍，并引起一系列的负面影响：影响工程进度、质量；预付工程款、统供材料款不能按合同规定时间足额扣回；产生大量工程借款；出现倒卖统供材料事件；拖欠农民工工资。

计量支付滞后原因分析：

（1）承包人内部管理问题。由于造价人员短缺或专业水平不高或资料编制上报不及时等自身问题，影响计量支付。

（2）设计深度不够、设计错漏较多，设计单位调整施工图纸的时间、周期较长。

（3）设计变更申报批复周期过长，新增单价未及时申报批复。

（4）计量支付规定的制约。

（5）业主资金紧张。

2. 计量支付违规

为了得到足够视野亮度，必须用强光源并开大光栅，使充足的光源进入物镜。同样条件下，物镜头放大倍数越大、镜口率越高、进入光线越少。因此，转换物镜头时应注意调整光线强度，使用油镜头时一定要添加香柏油。聚光镜抬高接近物镜头可以增加亮度，如果亮度已经足够甚至过剩，可以缩小光圈，或者下调聚光镜，但一般不降低底座光源强度，因为会使光源的颜色由白变黄，失去自然光属性，改变物像的颜色。下调聚光镜不仅可以降低亮度，还可以增加物像的对比度，使物像层次清晰。

（1）合同文件"计量规则"明确不单独计量的项目仍单独计量。一种原因是由于角度不同、利益不同导致对"计量规则"的理解不同，另一种原因可能是甲、乙双方为了补偿承包人，而故意"误解"。

（2）合同文件计量条款相互矛盾，计量规则规定不单独计量的项目，又在工程量清单中列项。

3. 地质资料与实际工程引起工程造价的变化难以控制

（1）土石方工程实际土石比与设计土石比存在偏差，会引起造价的变化，招标图纸上明确了土石比例。但由于高速公路地形复杂，地勘资料不能完全反映工程土石比实际情况，当这种情况发生时，承包单位就会以各种理由提高土石比例，造成工程造价较难控制。

（2）基坑、边坡、桥梁桩基开挖过程中地质变化因素引起造价变化，由于地质变化将引起桥梁桩基综合单价大幅度提高。

4. 隐蔽工程、索赔工程的真实性和准确性不易把控

在高速公路建设中，存在较多的隐蔽工程，如钢筋工程、软基换填处理、边坡锚杆锚

索、桥涵台背回填等。这些隐蔽工程是否真实发生不易确定，仅通过竣工资料无法准确反映各类隐蔽工程的实际施工数量。一些产生索赔的项目无存留的痕迹，如水毁工程中的半成品工程或储存的钢筋水泥等物资，实际是否存在该类索赔事项以及索赔的数量难以确定。诱发变更工程的责任鉴定及实际变更工程数量的确定容易产生质疑，审核工作一般为事后认定，欠缺可供利用的第一手原始资料。

5. 临时工程和临时设施对工程造价的影响

在路基工程施工期间，一般要求先做临时排水设施，以防止工程或附近农田、建筑物及其他设施受到冲刷、淤积，保持施工场地内排水处于良好状态，施工工作面上或工作段内不积水，从而保证正常的挖方或填方的作业。但是，部分承包人对临时排水设施的重视不够、修建不规范，不能满足及时排除地表水的要求。一旦降雨或地下水涌出时，不能及时排除的积水将会浸泡路基或渗入边坡，导致路基原状土软化承载力达不到设计及技术规范的要求，边坡浸水内聚力降低失稳坍塌，进而引发变更或索赔事项。这种类型的变更索赔一般发生的金额较大，且工程师在审计过程中较难追述事实的真相。

6. 争议问题的解决

在过程审核和完工结算审核过程中，难免会出现全过程审计服务单位和接受审计单位对审核事项的定性和处理存在不同的认识和理解（即所谓的争议）。争议的主要原因有两方面：一是接受审计单位未能充分的理解相关法律和法规、对某些事项的看法基于一种习惯性做法，或根据项目实际情况在特定条件下做出的违反合同约定的决策等；另一方面，我们审计人员运用审计技术和方法不当，对某些审计事实认识不清，未能根据项目的实际情况实事求是的分析和识别，原则性和灵活性未能有机的结合。

二、公路工程施工阶段审计的建议

针对以上公路工程施工阶段审计的难点，建议如下：

（一）工程量清单、工程量清单计价文件审计的建议

1. 为解决招标工程量清单编制问题，选派具有丰富实践经验，熟悉技术规范、熟悉图形算量软件，熟悉CAD软件的专业技术人员组成审计小组，全面负责清单工程量的审计工作。

2. 建立健全质量内控制度，设有质量监督部和专家技术督导组，负责全过程的质量控制和技术指导，完全能抓住招标工程量清单编制中的重点，解决招标工程量清单编制较差的问题。

3. 针对招标工程量清单编制的重点、难点和存在的质量通病，可以采用如下对策和方法：

①准确计算工程量，按照设计方案图纸，准确的计算出各项目的图纸工程量，以确定最终的项目工程量。

②现场踏勘，到工程项目所在区现场查看，充分了解掌握施工组织情况，合理审计相应的定额子目。

（二）计量支付方面审计的建议

1. 加强对承包人管理的审计，要求承包人认真对待资料的整理收集，认真履行合同，把计量人员纳入履行合同的主要人员之列，及时、完整地上报计量资料。

2. 要求设计单位严格履行合同，提高设计质量，及时出具设计资料。

3. 督促建设单位各部门、监理单位、设计单位及时办理设计完善、变更、及时批复新增单价、认真履行计量规则等。

4. 根据实际情况适当调整不科学的计量支付办法。如"统供材料款应在供货当月计量支付中扣回"等。

5. 对计量条款故意"误解"的情况，应坚决制止，严格执行合同约定。

（三）隐蔽工程、索赔工程的审计建议

1. 首先查询承包人在施工过程中保留的足够证据，如隐蔽工程的竣工资料里面附的检查评定资料，还应附完整的测量记录和施工过程中的影像资料。

2. 对于存在较大索赔风险的部位，不但要及时审查完工的半成品和成品的影像资料，还应审计针对该部位采取预防措施的材料物资凭据和预防措施的实体影像，以备万一发生意外情形时提供索赔证据的充分性、完整性。

3. 对于变更原因的真实性及合理性，仅凭提供的变更资料还不能真实反映的，还应进一步分析变更前工程的施工情况及原设计的完善程度，原设计的施工方案是否合理，实际施工是否按审批的施工方案执行等，通过多方查找线索，确保审查成果的客观公正。

（四）争议问题的审计建议

1. 选派经验丰富、综合素质更高的造价跟踪审计人员担任项目负责人和技术负责人，提升跟踪审计服务组各成员的政策理论水平，在坚持原则情况下，体现适度的灵活性。在个性方面，跟踪审计人员需要具有能够应付各种情况的能力尤其是沟通、协调能力，在不同的审计业务中碰到不断变化的环境时可以及时进行自我调整，能够把审计服务活动的专业术语转换成通俗易懂的语言，促使接受审计服务的单位正确面对存在的问题。同时，在跟踪审计服务过程中应保持审慎原则：即注重实事求是，用证据说话，不随便发表尚不成熟的意见。

2. 在进行跟踪审计意见沟通前应加强相关内容的复核，并注意对相关事项进行反复讨论和论证，特别是对争议问题的陈述条理清晰、事实清楚、依据充分。

3. 在跟踪审计服务过程中，应加强与工程管理各参与方的沟通，充分了解事项的背景和管理过程，收集相关真实、完整、合规的证据链，认真征求和听取各方的意见，以利于对事项的准确定性做出充分判断。

综上所述，云南省的公路工程项目越来越多，对于基层审计工作人员来说，接触最多的就是施工阶段的跟踪审计工作，因此，认识和把握好公路审计的难点，并根据具体的难点给出相应的对策建议，有利于工作上提高风险防范意识、降低风险，提高工作效率，提升公路工程审计质量。

第五节　公路工程施工现场控制

　　交通公路工程中现场管理是整个工程施工中的重心之重，施工现场的各方面的管理直接关系到一个项目的重要性。它不仅仅代表着施工工艺的复杂性、多变性，同时质管着一个项目的经济动脉。更会受到的社会因素以及施工技术、机械设备，同时也会受到经济及这个施工状况的影响。

一、公路工程管理的意义

　　施工中的公路建设是一个非常复杂的过程，它包括了许多方面如：勘察、设计、施工以及养护管理等一系列过程。

二、公路工程管理情况

　　随着时代及科技的进步，我国的交通公路建设取得了非常重要的地位及重大成果。大到全国各地市的高速公路、一级公路的突飞猛进的进步，小到各个市县的县乡农村公路的改建畅通工程。

三、公路工程施工管理

（一）开工初期的准备

　　交通公路工程中的施工项目，在施工项目开工前，应做到驻地项目的建设、人员及机械的进场的全面准备，保证施工开工的顺利性，连贯性及合理的经济性。针对进场开工前的准备，应从如下几方面考虑：

　　1. 在项目进场前应根据本项目的特点等制定详细完善的相关管理及上墙制度，根据制定的相关规章管理工程，用制度管人。施工单位只有建立健全项目的管理制度及相关职责，才能确保项目的有序实施。

　　2. 监理组织机构，项目主要管理人员及技术施工人员等进场，合理组织机械、设备有序进场及进场原材料的选用合格材料的进场。工程项目施工技术人员拿到图纸后要详细认真地研究施工图纸及相关技术规范，设计单位进行图纸会审和交底施工段导点进行交桩后。

　　3. 进场技术人员应及时复核设计图纸上的工程量及投标清单上的工程量，根据施工合同段内的工程量进行及施工特点，编制本工程项目的施工计划。

　　4. 根据施工工程特点及施工内容，必须经过具有一定资质的母体试验检测单位办理授权后，经质检部门审核通过后，方可在本工程项目中建立工地的临时检测试验室，进行工地的常规试验的检测及质量控制。

　　5. 根据工期要求、制度详细的施工进度计划，并对现场实际情况、机械设备能力、材料供应、自然条件等进行综合分析，编制相关专项施工方案。

施工单位要制定详细的进场计划包括：施工人员、机械设备以及进场原材料的需求量等。编制好此进场计划后，便有项目的管理及控制，同时有效避免了资源的浪费，以此创造更大的经济效益为目的。

(二)施工过程管理

1. 认真做好试验段

开工后，施工单位应对道路施工中各结构层的施工工序（如路基、底基层、基层、路面），应通过不大于200米长的路段为该分项的试验的路段。通过试验路段的施工，可以更好地确定机械设备的合理组合，施工现场的测量数据如松铺厚度、碾压变数及通过现场试验检测得到试验参数，便于技术人员确定最佳施工方案。

2. 施工机械组合配置

（1）根据进度计划制度机械详细使用及日常保养维修计划的相关计划。机械化施工不仅能有效地降低成本、确保施工质量、确保进度，最重要的是能保持机械组合的相对稳定及均衡有序。

（2）根据试验段的施工记录，合理组织调配机械设备，确保机械的有序开展。

3. 施工应急措施预控

每一个项目都不能避免许多客观因素的存在如：自然因素等，作为在建项目的主体的参建单位，应做到未雨绸缪，根据本项目的施工等特点进行应急预控，以此应对突发事件是，能采取相应的应对措施。因此应注意以下问题：

（1）施工前，要结合施工中的环境特点，编制适用于本工程的公路安全应急预案措施。

（2）成立安全领导小组，进行的安全巡查及检查，及时消除安全隐患。

（3）专职安全人员对不同的施工部位不仅要巡查更要进行安全技术交底。

（4）针对安全施工应急预案的演练，增强施工人员的安全防范及应急意识的提高及应对措施，确保安全生产。

4. 工程质量常见的质量问题

（1）当进行路基施工中，主要目的就是保持路基的稳定性，当路基出现不均匀时会致路面开裂甚至造成道路出现横向、纵向的裂缝出现，存在一定的安全隐患。出现这种情况的原因如下：在施工中施工机械碾压不到位，碾压层没有压实或碾压机械吨位偏小。

（2）当进行水泥稳定碎石层施工时，施工质量控制不当，易产生裂缝直接影响路面的质量。因此当进行水稳施工时，在进行施工机械作业时，不仅要严格控制碎石的级配，还要控制水泥剂量、含水量以及后期的覆盖洒水养生。

（3）平整度不仅要充分满足安全行驶，同时应与附近的绿化等景观设计相符，这样也能更好地满足路人的视觉感。

5. 施工进度计划与工程管理

进度计划是控制工程进度的依据外在客观因素的影响而与原计划有出入时，应根据实际，对进度计划进行动态管理，及时调整修改：

（1）分项调整滞后项目造成的原因，并制定进度计划修改施工方案，纠错造成滞后的原因及时调整。

（2）根据网络计划图，查找关键线路及时差、步距，分项滞后的原因，制定动态的管理方案。

6. 核算施工的成本效益

（1）各工序工程完成后，项目部合同部的造价人员，针对出现或可能出现的超支要及时采取一定措施。

（2）施工过程中质量控制也是成本的重要因素。

（3）制定完善管理等相关制度，如采购、库存、发放、使用等，每一个过程的制定的建立关系到施工的成本。

7. 施工现场的畅通

施工现场畅通直接影响到施工能否正常进行，应关注以下几方面的情况：

（1）进场前要根据做好道路的三平一通，确保施工场所的正常施工。

（2）施工合同段内施工现场，增设爆闪灯及安全标志标牌，配合交通执法等部门以及增配专人疏通交通工作，避免交通事故，减少堵车现象。

（三）工程后期施工的管理措施

工程从开始到结束，不仅工程质量重要同时也应做到洁、美、通，同时还应注意以下问题：

1. 检查施工段内的各施工部位及交通安全设施，安全性、完整性及保障性。

2. 施工部位完工后，应及时安排专人负责清理路面的废料；按路基路面施工技术规范等相关规范进行整修路肩、边坡；使公路线型顺适、整齐美观，行车舒适安全。

四、施工总结

当一个工程项目顺利竣工后，施工总结是非常重要的工作总结。施工单位应由项目技术负责人或项目负责人，针对该项目的施工中的施工工序、施工中新工艺新技术进行推广应用，同时针对施工中的不足之处进行纠错整改、分项。通过以上几点，加强施工现场的管理，为下一个项目建设提供重要依据和基础。

第六节　公路工程的施工与养护

在公路工程建成并投入运营之后，长期承受车辆荷载，加之受到雨打日晒等恶劣环境的影响，很容易出现各类病害，不仅会影响到公路通行质量，同时还会降低公路的使用寿命，因此公路养护工作就显得至关重要。经过实践分析总结，导致公路出现病害的原因主要有施工材料不合格、质量设计不达标、养护管理不到位等，且随着时间的不断推移，路面受损程度也在持续加深。这就需要工作人员针对公路出现的具体问题，及时做好预防和维护工作，避免裂纹、破损等问题的发生，同时保障公路路面的平整度，如此才能充分发挥出公路的效能。

一、公路工程施工研究

（一）公路工程施工前的准备工作

现代公路工程需要考虑到的因素较为复杂，加之涉及的专业较多，因此，在正式开始施工作业之前，通常需要一定的准备工作，为后续活动做好铺垫。公路工程施工前准备工作具有预见性的特点，主要是分析预测施工过程中可能存在的各项问题，有针对性进行改进完善，以保障施工作业的有序实施。施工准备工作的内容主要包括两个方面，分别是物质准备和技术准备。物质准备即是保障施工所需的各项材料以及机械设备的完备。技术准备则包括设计方案确定、技术交底、施工放样等。施工放样的内容主要包括路基施工放样、恢复定线、排水工程、小桥涵等。

路基施工放样对于路基工程施工的基础性工作，考虑到现阶段公路工程中路基施工的内容复杂、技术难度高，因此为了保障其施工质量，必须在施工前严格落实放样工作。具体内容包括结合设计图纸对横断面的各个点位进行确定，在地面中心控制桩位置确定填挖的高度。恢复定线是测量工作的一部分，具体工作内容是检测公路横断面、对中心线控制桩进行加密保护以及设置水准点等。在上述工作中，若是发现工程设计和工程现场情况存在不符之处，要变更设计、满足施工要求。

（二）施工作业

公路工程施工阶段的工作主要包括以下三个部分：

首先，路基工程施工。公路路基施工主要包括路基排水防护、填挖作业等方面，在具体施工的过程中，施工人员要加强对坡道路段的关注，做好这一阶段的施工质量控制工作，同时考虑到的路基的维修。为了保障路基施工的有效性，必须保障路基强度以及整体稳定性达到设计要求。这一环节施工作业需要关注的要点如下：对施工材料进行严格的筛选，通过材料试验保障填料性能指标达到规定要求，为施工活动提供坚实保障。通常情况下，路基填筑所使用的材料应具有良好的透水性，在填筑施工完成后，要采用分层压实的方法使其平整度和排水性达到设计效果；在选择用地和土坑时，要对地表进行细致的清理，清除一切杂物、淤泥。

其次，路面工程施工。路面工程施工的内容相对较为复杂，现阶段我国广泛应用的公路路面种类有沥青路面、沥青混凝土路面、沥青碎砂石路面以及水泥混凝土路面等，以沥青路面上面层施工为例：施工方法采用混合料场拌、自卸车运输、摊铺机摊铺、压路机压实的全过程机械化施工。拌和温度控制在140—165℃，摊铺温度控制在120—140℃，初压温度控制在110—130℃，终压温度控制在80—100℃。碾压完成后，压路机要停在已冷却的路面上，严禁在尚未成型的路面上停机。

最后，旧路改建。在改革开放的几十年间，我国公路建设事业一直没有停止，由于当时技术体系不成熟，加之现阶段我国交通运输行业发展迅猛，因此，大部分旧公路已经无法达到新时期人们对其的要求。在这样的情况下，就需要对旧路进行一系列改建工作，以改善公路通行条件。在旧路改建中，新旧公路结合施工是技术难度最高的一项内容，施工人员必须要在扩宽原有公路的基础上，对地质条件、工程设计要求以及成本控制等多方面因素进行综合考虑，如此才能使新旧公路在结构上形成良好的衔接。

二、公路养护研究

（一）公路养护的必要性分析

现代新建公路工程的规模相对较大、路程也较长，一旦遭到损坏，需要付出大量的维修费用，同时还会影响到道路交通的顺畅运行。因此最好的方法是"防患于未然"，在病害发生前就采取有效的预防性措施。例如，在公路工程建成并投入运营后，采取就地热再生、碎石封层、稀浆封层等措施强化公路的使用性能。同时，做好日常维护，及时清理路面上存在的碎石、杂物。若是发现裂纹和凹槽现象，要及时组织养护人员进行维修。对于已经严重损坏的路面，可以采取补强、翻修等维护方法。

（二）公路工程施工养护的具体方法

首先，将通行车道和施工交错进行。在公路工程施工中，应该将施工现场所覆盖的车道封闭。具体做法是在行车方向摆放施工标志、标牌和安全警示灯，同时使用锥桶对施工区域进行包围。其次，对通行道路变更行车道。在公路工程施工面积较大的情况下，为了避免新建路面受到破坏，最好在一段时间内对车道进行封闭，通行车辆绕道行驶，为新建路面养护创造有利条件。最后，半幅通车、半幅施工。这种方法通常应用于车流量较小的路段，具体方法是在作业区域连续摆放隔离墩，同时标注分道线，并对车速进行适当限制。

（三）预防性公路养护措施

近些年来，我国在公路建设方面投入了大量的资源和精力，省到市地区高速公路和县到乡公路不断开通。但与此同时，随着我国社会经济的发展，我国汽车数量以及车载装量都在持续增加，对公路质量的要求也在提升。在这样的情况下，只有做好公路工程的施工和养护工作，才能保障公路功能的充分发挥，并为我国交通行业发展提供助力。

三、提高公路工程施工和养护有效措施

（一）加强工程设计图纸审核

在公路工程施工前，工程施工单位、设计单位、监理单位等应该组织专业人员对设计图纸进行严格审核。审核工作的目的是及时发现图纸中存在的问题并进行修正。例如，对工程设计图纸中的空间布局进行审查，保障施工所用的机械设备能够顺利进入到施工现场。此外，对于工程中涉及的新技术、工艺也应进行评审，保障其符合设计要求。通过设计图纸审核能够进一步提升工程设计方案的科学性，为后续施工作业提供科学指导。

（二）构建完善的公路工程施工质量控制体系

为了保障公路工程施工质量，建立科学完善的施工质量控制体系十分必要。具体来讲，首先科学建立责任机制，将所有施工项目的质量控制责任进行合理的分配，做到责任明确、严格落实，这样就可以有效地避免相互推诿的现象发生，保障所有管理人员都能够履行自身职责，为公路工程施工质量提供保障。其次，在公路工程施工前，落实人员组织、设备检查、材料检测等各方面准备工作。最后，组建专门的工程技术团队，深入到施工现场进行实地勘察，在此基础上对设计图纸进行优化。

（三）加强公路养护队伍建设

为了保障公路养护工作的有效实施，提高养护水平，应该建立一支高素质的养护队伍，改进养护机制，优化队伍管理和运行机制。具体来讲，在基层公路管理机构中设置两个以上的施工养护队伍，同时做好各方面基础设施建设，彻底改善现阶段我国公路施工养护人员综合素质和技能水平不齐的情况。此外，对公路施工养护程度、方法进行规定，打造规范化施工养护体系，保障公路养护相关工作都能够得到有效的落实。在专业化、规范化公路养护队伍的支持下，可以实现对公路使用情况全面及时地了解掌握，从而有针对性地对各类突发事件进行处理。而且除了一些日常维护保养工作之外，还能够负责部分大修作业，提升公路养护的及时性，最大程度的保障公路连续运营。

（四）制定严格的公路检测制度

针对公路的维护保养需要养护队伍定期对公路进行养护巡查，为了保障巡查的有效性，必须制定一套严格的公路检测制度，推动公路检查的制度化。公路巡查具体分为三种形式，分别是专业检查、定期检查和经常性检查。专业检查要求养护人员对公路施工的各种病害和缺陷进行细致的检查，同时对公路各方面的性能进行精确评估，有针对性地提出改进建议。定期检查则是在公路工程竣工后在一到三年之内至少进行一次检查。

（五）全面落实危险公路改造措施

在公路检查的基础上，对公路当前状况进行评定，结合技术规范对存在严重功能性破坏的公路进行确定。对于此类危险性较高的公路，必须尽快实施改造，进行加固或是维修处理，使公路的稳固性、承载性等都恢复到能够正常使用的标准。为了保障改造工程的质量，最好引入竞争机制，实行改造工程招投标，同时把握监管关，保障公路施工养护的质量、改善通行条件。

综上所述，在社会发展新形势下，公路建设对于社会经济发展具有十分重要的意义。因此，在我国现代化建设中，必须做好公路工程的施工和养护工作，全面提升工程质量，为我国交通运输行业的持续发展奠定坚实的基础。

第七节 公路工程施工成本控制

首先阐述了成本控制的意义，然后分析了施工成本控制存在的问题，如成本控制体制不健全、人员业务水平不足、施工环节控制不全面、合同管理缺乏经验等，最后提出了施工成本控制的相关对策，主要有完善企业成本控制体系、加强专业人员培训、做好施工管理、规范合同管理等内容。通过对施工成本的合理控制，可以有效提高施工效益。

随着社会的不断进步，施工单位所面临的竞争压力也在不断提升。为保证企业利润，必须加强成本控制。成本控制贯穿于项目实施的整个过程，施工过程的成本控制是企业成本控制的核心内容。

一、成本控制的意义

成本控制是指在项目成本的形成过程中，对生产经营所消耗的人力资源、物质资源和费用支出进行指导、监督、检查和调整，及时纠正将要发生和已经发生的偏差，把各项生产费用控制在计划成本的范围内，以保证成本目标的实现。对施工成本进行控制可以及时掌握资金消耗速度和方向，严格控制超支、制止浪费行为、实现资金的有效利用。在保证质量、安全、进度的前提下，加强成本控制管理有利于实现利益最大化，提高施工企业的经济效益。

二、施工成本控制存在的问题

（一）成本控制体制不健全

一些企业制定了很多规章制度，但成本管理制度并不完善，还存在一些不足。例如，技术分析没有与经济分析紧密结合；财务部门单纯地进行核算和分析，未对工程进行事前的成本预测和事中的成本控制；未明确各部门的责任和权利，分工不明确，造成各部门互相推卸责任，加之奖励机制不到位，很难调动员工的积极性。

（二）人员业务水平不足

成本管理者的业务水平对于实现成本的目标极其重要，一些项目缺乏专业的成本控制人员；企业在成本控制工作安排时委任不当；没有先进的成本控制手段。基于以上原因，在成本控制时出现很多漏洞，不能达到理想的控制效果。

（三）施工环节控制不全面

一些公路施工设计过程中没有做到全面、合理的管理安排，系统科学的管理模式只是流于表面，导致了施工组织混乱的现象。在施工过程中不能正确处理成本、质量、进度、安全之间的关系。

（四）合同管理缺乏经验

在与业主签订施工协议后，未认真全面地研究合同文件和图纸等，导致在施工过程中未及时发现非自身原因造成的工期损失和费用增加，或建设各方对工程内容理解有分歧而引起合同纠纷。施工单位与施工人员、材料供应商签订合同时，未充分考虑市场环境的波动性，缺乏对风险的识别与分析，最终未能采取有效的措施。

三、施工成本控制对策

（一）完善企业成本控制体系

市场竞争日益激烈，如何保证项目成本、挖掘潜力、实现利益最大化是企业面临的重点问题，某公司在对几个项目成本分析后逐步完善了成本管理体系，进一步采取了一些措施：

1. 签订目标责任书，明确成本目标

实行项目经理负责制，为达到良好的经济效益，公司总部应与项目经理签订目标管理责任书，确定成本、质量、安全、廉政、环保等目标。项目经理组织编制精细可行的成本计划和成本降低措施，使项目成本始终处于有效控制范围，确保完成总体目标。

2. 加强过程监督，定期开展成本分析

公司总部各相关部门应加强施工过程的监督，成立考核领导小组，定期组织财务中心、工程管理部、合同成本部对项目成本进行核实，核查项目的收入与支出，对实际成本与预期成本的差异给出有效的纠正措施，若差异过大召开成本分析会，科学合理地解决问题。

3. 制定奖励机制，明确责任与权力

施工成本控制贯穿于整个项目的每个阶段，成本目标是通过所有人员尽职尽责来实现的。项目部将成本目标按照项目领导班子、各部门技术人员、生产班组等不同层次的岗位划分一定的成本控制责任，在合理范围内自主决定某项费用能否开支、如何开支和开支数量，让所有人员都能参与到成本控制工作中，从而形成强大的成本控制网络，项目经理定期对目标进行考评分析，实行有奖有罚，达到名副其实的全员参与成本控制，全面激发人员积极性。

（二）加强专业人员培训

1. 抽调有现场经验的技术人员学习成本管理知识，到先进的企业交流经验，不断补充专业知识，满足成本控制工作的需要。

2. 充分发挥计算机的巨大潜力以弥补人工进行控制造成的数据反馈不及时和不准确的缺陷。

3. 充分理解成本控制的内容，其不仅是人、材、机的成本，也包括了技术措施和环境的影响，它是对工程全过程的全面把控。

4. 全面分析成本控制的依据，如施工合同、成本计划、进度报表、工程设计变更等，从多方位多角度不断分析对比，使利益最大化。

（三）做好施工管理

1. 编制科学合理的施工组织设计

施工组织设计应结合图纸与现场实际情况、材料设备情况、劳务队伍以及企业的管理能力，充分利用自身的优势制定最为科学合理的施工方案，进一步缩短工期并提高工程质量，最大限度地降低成本。在施工过程中不断探索、应用新工艺、新材料和新技术，达到降低成本的目的。

2. 协调处理好成本与质量、进度、安全之间的关系

充分认识成本与质量、进度、安全的关系。项目要树立安全与效益相结合的观念，采取有效措施预防安全事故的发生。此外，盲目赶工，也会增加成本，因此要正确处理好成本与质量、进度、安全的协调统一关系，制定合理的质量目标和进度计划，采取安全的保障措施，将成本控制在合理范围内。

3. 合理使用资源，控制人、材费用

实际项目成本构成中，材料费约占60%，因此控制材料费是降低成本的重点。某大型企业多次发现同一地域项目材料费差距较大，经研究决定成立物资管理部门，建立供应商管理库，大宗材料水泥、钢材等公司集中采购，就近配送。因集中采购量大、价优，减少了很多中间环节，降低了采购成本。施工中应实行限额领料制度避免浪费。

人工费的控制主要目的是提高施工效率、合理计算用工量。一些工程可以采用包干制，降低人工费用。机械费的控制主要体现在资源的合理配置上，根据现场的实际情况，充分利用现有设备，合理组织施工，尽量减少设备闲置。

4. 关注工程设计变更，科学索赔

变更索赔是施工中的常见问题，也是工程项目创收的一大源泉。每个项目配备高素质水平的变更管理人员，明确责任、高度重视、及时处理出现的索赔问题。

（四）规范合同管理

1. 签订施工合同

与业主签订施工合同时，充分解读合同文本相关文件，认真剖析每一条合同内容，理解合同的关键性条款，尤其注意工程款支付等问题，防止施工过程中因索赔问题产生纠纷，影响过程的顺利进行。对合同履行过程中可能出现的风险和不安全因素，要明确双方责任和权力，约定处理措施。发生索赔事件后，收集资料，做好现场签证并及时报批。

2. 强化分包合同管理

对分包合同进行严格的资格审查，建立施工人员、材料供应商管理库，引入竞争机制，科学合理地确定单价。签署分包合同时实行各部门会签，形成逐级审批制度，建立台账，定期检查合同履行情况。合同实施过程中，定期进行人员考核，经常检验机械设备以及材料质量和数量，避免出现虚报数量的现象和以次充好等问题。

做好成本控制是企业管理永恒的话题。在成本管理过程中，企业应理论结合实际，不断完善各项成本控制体系，提高全员的成本控制意识；不断更新成本控制理念，以科学合理的手段全方位、多角度地控制施工成本，打造出高质、高效的精品工程，助力我国交通事业的发展。

第八节 公路工程施工安全浅析

一、桥涵的安全施工控制措施

（1）在施工以前，必须要进行浇筑墩台，并且要根据相应的规范标准要求进行操作，首先要搭设一个完整的作业平台以及设置好脚手架，同时必须要由负责人进行检查验收，合格后才能进行作业。如果墩身的高度超过了一定范围时，必须要在平台的外侧设置安全扶梯以及应栏杆，此外，也应用密网做一个较为安全的围护设施，如果高度已经走出了十米以上时，就必须要在每一层加设一个安全网，作为进一步防护。同时在施工墩台顶的位置时，也应做好防护准备工作，如果施工人员在架子上进行操作时，一定要做好安全防护措施。

（2）如果在围堰内进行施工浇筑墩台时，必须要设置一个跳板或者设置一个扶梯，这样也是方便作为作业人员来回地移动。如果再进行凿除桩头施工时，施工操作人员应做好一系列的防护工作，戴好防护措施。此外，如果是人工操作进行凿除时，就必须要检查锤头的牢固度，必须要先检查再操作。在进行吊斗出渣作业时，必须要关好门、拴好挂钩，做好防护工作，由于吊机在扒杆会出现转动，所以在这个范围当中是不能随便进入的。

二、施工墩台的控制措施

（1）地行砌筑墩台的准备工作时，必须要搭设一个完好的作业平台以及脚手架和护栏等相应的防护工作，必须要根据规定铺设兜网，按照要求做好防护准备。如果要利用人工的手推车或者是应用预制构件时，必须要搭设好一个脚手跳板，并且安全的计算出跳板的宽度以及坡度，达到安全的标准。如果需要在作业平台以及脚手架堆放一些材料时，其重量不能超出荷载。在施工当中，如果要应用吊机或者是桅杆进行吊运材料时，必须要服从指挥，不能擅自的行动，在进行吊运砌筑的材料时，现场人员应离场，不管在什么条件下都不能把手伸到缝隙当中，以免发生安全事故。当施工人员需要抬运体积较大的石料时，必须要对其进行牢靠的捆绑，缓慢平放，避免造成事故。

（2）公路桥涵在进行施工时，作为负责人必须要与技术人员进行相互的沟通，并且设计一套完整的工程方案以及控制安全措施，负责现场的施工人员也应了解安全控制的主要目的，及时地进行交流。由于在施工高桥墩或者是索塔等一些结构较高的工程时，在施工当中必须要应用滑升模板，并且根据建筑工程当中规定的各项标准安全作业，必须要做好防护措施，以免发生危险。如果我们应用滑板进行施工时，必须要对提升它的设计标准以及施工管理进行安装使用，在操作时，必须要对滑升模板进行相应的试验，如果验算结果合格后才可以进行使用，在应用提升设备以及顶杆时，它的形状以及要求必须要符合相应的标准。如果要应用爬模的方法进行施工，要提前做好特殊位置的设计，此外，也要确保爬升架、脚手架以及操作平台设置的安全性以及它的刚度要达到标准要求。如果在施工过程当中要提升架体时，应先做好保险装置，减少隐患的发生。应用模板爬升时，施工人员坚决不能站到支架上。当我们安装好液压系统以后，应对其做好检查工作，并且液压设备必须要经专门人员进行维护，出现问题要尽快解决。在施工当中如果要提高模板的高，并且达到两米时，就必须要安装脚手架，并且在架体铺设好安全网以及脚手板的安全防护设施。如果要在操作平台进行施工时，其重量是不能超出负荷要求的，并且在其周围要安设相应的防护栏，也应为操作人员配备通信设备，当发生危险时可以及时的联系。此外，如果有提升模板时，必须要先排除故障，再对其进行检查，同时应用千斤顶也可以共同作业完成。

（3）在桥涵的施工过程当中，我们必须要对操作平台的倾斜度以及水平度进行全面的检查，如果有问题存在时必须要尽快地解决处理，不能留下安全隐患。在使用各用电器、机具以及一些运输设备时，要做好操作人员的管理工作，按照交接班的管理规程操作，在进行交接班时，应先对机器进行全面的检查。如果是在操作平台上进行作业吧，不得多人操作，以免超出荷载的要求，对摆放的材料应合理，以免造成操作平台发生倾斜，作为操作人员同时也应戴好各种安全准备措施，系好安全带。对材料进行运送时，施工人员必须要使用外设的电梯，并且要设置安全卡和开关装置，如果是在夜间进行工作时，必须要安装良好的照明设备，并且在要各个运输过道以及设备使用当中都要进行安装，同时也要注意电压问题，在确保在安全范围之内。在安装支座时，必须要按照设计要求进行施工，可以应用橡胶支座，并且在进行装配以后要进行分部的吊装。在施工完成后，如果要对滑模设备进行拆除时，必须要先做好防护准备，对其拆除过程当中，可以进行分组的拆除解体，这样可以降低作业量同时也可以避免杆件发生变形。另一方面，最重要的一点就是在施工现象必须要提高操作人员的安全意识，对他们加强安全培训工作，要在全过程当中，全方位地做好安全教育管理工作，并且在施工前就要制定完整的安全管理制度，从各个方面入手，更为全面的提高安全意识，减少隐患的发生，在施工当中要不断地研究安全管理措施以及相应的创新模式，从而确保桥涵工程得以更为平稳、有效的发展。

桥涵工程是要求最高的一种施工技术，所以对它的质量要求也是相对较高的，由于在桥涵的施工过程当中，质量要求是非常重要的，在当前发展条件下，桥涵工程已经成为公路建设最为重要的一个部分，它起到了关键的作用，对此，怎样可以更好地控制桥涵施工安全管理已经成为我们必须要解决的问题，从而才能更好地确保桥涵耐久性，确保安全生产的稳定性，达到控制目标。

第三章 公路工程招投标研究

第一节 高速公路工程招投标浅析

随着公路交通事业的快速发展，高速公路工程也获得了迅猛发展，关于高速公路建设市场也越来越规范化，而作为保障高速公路有效施工的工程招投标环节，招投标措施和管理办法将直接影响高速公路建设的质量和效率。鉴于此，有必要对高速公路工程招投标的特点、招投标现状和管理措施等展开研究讨论，从而提高高速公路建设资金的使用效率，确保工程高效优质地完成。

一、高速公路招投标概述

（一）工程招投标含义

工程招投标指的是投标者，也就是各承包商在自愿的前提下，遵循公平公正的招投标原则，通过对各投标人资质、技术管理水平以及企业的信誉等综合比较，确定工程最终承包商的经济行为。招投标工作是建设工程的重要内容，也是影响工程造价的关键一环。在招投标工作开展前首先要编制合理的招投标文件，明确工程合同的内容和形式，完善各种管理机制，然后在此基础上做好一系列招投标管理工作。招投标工作开展的原则是公平公正，这也是保证工程造价和工程计划安排科学合理的基础。工程项目在不同的环节会对造价造成不同的影响，但是由于招投标环节是工程建设的基础环节，所以，加强招投标阶段的造价控制是控制造价的关键，在该阶段应对招标价格和投标报价进行控制，在签订合同时注意明确合同内容和形式，明确工程款项支付方式和支付内容，做好对各种可能会影响造价因素的控制。

（二）高速公路招投标特征

关于高速公路招投标行为的特征，主要可以从市场经济角度去分析，通过完全市场竞争可以提高资源的利用率，使各项资源得到合理配置。高速公路招投标过程其实就是引入市场竞争机制，从而形成价格机制的过程。所以，在高速公路工程招投标方面，本身就具有促进市场竞争的特征。通过市场竞争机制的引进，打破了地区保护和行业垄断，通过各种渠道发布招投标信息，使满足资质要求的施工单位和供应商等前来参加投标，并且通过前期的资格预审可以促进业主和施工单位之间的相互了解，确定质量达标的单位参加投标，而排除一部分不符合质量要求的单位,这样可以充分的发挥高速公路市场竞争机制的作用,形成完全竞争的市场结构。其次,高速公路招投标具有促进价格机制的作用,也就是在高速公路建设市场上,通过价格机制平衡价格和市场需求,当市场需求增加时相应的建筑产品价格也上升。可以说,在高速公路工程招投标环节中引入价格机制有利于形成高速公路建筑产品的定价机制,发挥价格机制在建设市场中的调节作用,从而使得各项资源得到合理配置,提高资源的利用率。另外,高速公路工程招投标具有显著的经济性,这是因为在建筑产品市场交易中,可利用招投标实现高速公路建筑产品的商品化,使建筑市场走向市场经济,实现买卖双方的利益。

（三）高速公路招投标市场准入分析

高速公路工程招投标工作中引入完成市场竞争机制,形成完全竞争的市场结构,是一种有利于推动高速公路工程建设市场可持续发展的措施。在完全市场竞争下,竞争使得各个施工单位可以根据自身实力引入新技术、新设备和新工艺。同时进行内部改革创新,不断改进经营管理的理念,提高管理水平,提高施工效率和施工质量,并且可以有效降低工程造价,提高各项资源的利用率。通过市场机制的引入,形成了竞争态势,在这种情况下一些实力不佳的企业便会被淘汰,而资源则会向那些可以生产出更大效益的生产者靠拢,有利于形成规模经济,提高资源的利用率同时降低施工成本。但是在招投标市场环境下,如果出现买卖双方比例严重失调的情况则反而会出现过度竞争,而引起低价抢标的现象。虽然低价评标方式可以降低工程成本,但是一旦承包商中标以后可能会为了降低工程造价而采用劣质建筑产品,这样就会影响工程的质量,违背了初衷,有损资源的总效率。为此,有必要建立高速公路工程招投标市场准入机制,采取资格预审的方式先排除一部分不符合质量要求的单位,然后采取合适的招标方式。在市场准确的要求下,施工单位可以提前做好一系列准备,比如,遵循法律法规的前提下获取相应的技术等级和经营资格,限制竞争力低下和资质有问题的企业进入招投标环节,这样就尽最大可能地避免了低价竞标现象和交易成本不正常上升现象的出现,为合同的签订奠定基础。

二、高速公路工程招投标现状分析

高速公路工程招投标市场在多年的实践中已经形成了公平公正、客观准确的评标原则和一系列评标方法,在编制投标文件方面,对于技术能力、财务能力和管理能力等也做了全面的规定,对报价总金额、工程量清单和单价构成分析也做了详细的说明。目前已经形成了完整的一套计价方法和可遵循的规律,为计算出合适的投标报价,需从技术要求角度、计量支付内容角度选择合理定额,并准确计算出工程量,通过费率和引用分析计算最终的投保价格。但是我们也可以看到在招投标工作中依然存在制度执行不严、管理不力等问题,招投标制度还需要进一步完善,充分发挥其规范建设市场、加强投资控制和节约开支的作用。

高速公路工程招投标评标方法。高速公路工程在招投标中,主要的评标方法包括合理低价法、最低评标法、综合评估法和双信封评标法等,其中以最低评标法和综合评估法最为常见，又以综合评估法最为有效。合理低价法指的是对已经通过预审和详细评审的投标方，根据招标文件中规定的办法对其评标价进行评分，最后根据得分的高低按顺序排列，选择前三名为中标候选人。这种评标方式不对施工单位的组织设计能力、财务能力、技术能力和管理能力等进行评价。最低评标价法指的是直接根据评标价格由低到高的顺序，按照招标文件中的规定开展初步审核和详细评审，并推荐通过初步审核和详细评审，同时评标价格最低的前三名投标方作为中标候选人。综合评标法指的是对所有通过初步审核和详细评审的投标方，对他们的财务能力、技术能力、管理能力等进行综合评价，最后根据总评分按照由高到低的顺序排列，选择前三名作为中标候选人。双信封评标法指的是施工单位将投标价格和工程量清单独立密封在报价信封中，将其他技术和商务文件密封在另外信封中，分两次进行评标。第一次对商务和技术密封文件进行出保护审核和详细评审，确定通过商务和技术评审的候选人名单，然后对这些候选人再次开展投标报价和工程量清单的评价，最后推选出中标候选人。

高速公路工程招投标工作存在的问题分析。现阶段，在高速公路工程招投标工作中，主要存在的问题有两个。第一个是对于施工单位资质的审查存在控制不严和管理不当的问题，比如，一些不符合资质要求的单位也参与了投标，甚至有的没有独立资质的二级法人也参与投标，这样不仅对其他投标方不公平，而且还容易出现虚报价格，影响招投标工作的现象，如果一些虚报资质或虚报价格的企业中标，后果将不堪设想。第二个问题是，虽然对于工程招投标工作的管理制度和法律法规在不断完善，但是在部分地区依然存在腐败现象。比如在承包过程中，有的施工单位为了中标而故意降低价格提高评标评分，而有的建设单位则利用招标权索取贿赂，或者对于公开招投标的项目直接不进行招投标，而选择自己熟悉的施工单位指定招标、仪标，这些行为都严重违反国家规定的法律法规。

解决当前高速公路招投标问题的建议。对于上述高速公路招投标过程中的问题，首先应该完善各项制度，比如，深化资格预审制度，邀请评标专家参加资格预审评审工作，这样能尽量保证预审工作的公平公正，同时也提高了工作的准确性和质量，最大程度上将一些不符合资格的单位排除在外，也尽量避免了虚报价格和虚报资质的单位进入到招投标环节。一般来说，评标专家人数要达到资格预审委员会人数的三分之一以上。当然，为进一步保证评标工作公平公正地开展，还要做好对评标专家的培训考核，实现动态化管理目标。其次，推行公告制度，提高招投标活动的透明度，必须严格按照国家和行业的法律发挥开展工程建设项目的招投标工作。此外，在评标方法选择上，可适当推行合理低价法，鼓励无标底招标，在评标过程中加强监督检查，及时发现违法违规行为并加以处罚。

三、关于高速公路工程招投标阶段的造价控制和管理

高速公路工程造价管理现状。高速公路工程具有建设内容繁多、工程规模大、建设周期长、对技术要求高且面临的环境复杂等特征，所以，为有效控制工程施工成本，就要从源头着手做好对工程造价的控制。作为工程建设的基础和关键环节，在高速公路工程招投标过程中，应采取合理措施控制造价，但又要保证后期施工的质量。目前，在高速公路工

程造价管理方面还存在管理方式相对落后、工程造价管理机制不够完善、缺乏准确数据支持等问题。尤其在招投标阶段，对于造价的管理，依然存在地区保护和价格垄断现象，招标文件的编制中关于标底和投标价格的制定也存在不合理之处，不但影响招投标工作的有效开展，还会影响后期的工程施工进度和施工质量。

工程造价管理方式问题。在经济快速发展的背景下，推广建筑市场非常重要，但是在建筑市场竞争越来越激烈的情况系要求建筑公司可以有效管理建筑成本。但是在实际管理中，往往对于不同的项目采取相同的管理策略和管理模式，忽视了不同项目之间的差异性，这种经验管理策略无法满足新时期项目精细化管理的要求，使得管理处于混乱状态，从而引发各种管理问题。

工程造价管理机制问题。在项目造价管理系统中，缺乏对数据的精确化统计和分析，导致无法真正发挥出成本管理和成本控制的功能。在传统的成本管理模式下，无法实现对项目造价的精细化管理，无法建立有效的成本协调控制机制，使得我国整体工程项目造价管理体系不够完善。

工程造价管理模式问题。建筑市场一直在发生变化，但是我们发现当前市场出价和需求以及运营成本的数据是不相匹配的，同时系统数据也不能完全准确地支持市场价格的调整。在市场模式逐渐清晰的情况下，现阶段成本管理机构对于消费的常规指标没有进行区别，或者直接采用稳定的消费指标，这样工程建设成本就没有了数据的支持，无法体现市场经济波动状况。

招投标中造价管理问题。在工程建设的不同阶段，对于造价管理的具体内容和方式是不同的，但是作为一个整体在造价管理时，应该站在宏观的角度采取全过程管理模式，不仅要做好每一个环节的造价控制，还应该将各个阶段的造价控制结合起来。在所有造价管理阶段中，招投标环节的造价管理和控制是基础，但是现阶段在工程造价管理时很难将各个阶段的造价管理结合起来，使得各个阶段之间的造价管理比较分散，影响决策的统一性，加上还存在地区保护和地区价格垄断等问题，使得招投标阶段中存在的不规范问题比较突出，影响后期对于造价的管控。另外，在编制招投标文件时，由于标底和招投标价格的不合理性，影响了工程质量和工程进度，使得工程遭到巨大经济损失。在评标方式上，现阶段采取的方式是工程量清单计价模式，然而在实际操作中，受到技术的原因使得评标工作难以快速准确地完成，很多建设单位在评标标准方面就存在很大的差异，影响后期工程施工，影响造价管控的有效性。

（一）影响招投标阶段工程造价的因素分析

造价管理人员因素。在建设工程前期需要对现场做好实地调研工作，只有结合建设用地实际情况编制造价管理计划，才能真正发挥造价管理的作用。但是由于部分造价管理人员自身专业能力不足，前期忽视了对当地的实际考察，重视建设的许可规划和设计思路，而忽视了对业务和功能的划分，和设计方缺少联系，在对招标图纸考核形式化，就容易在后期施工中出现设计变更问题，设计变更频次增多后自然会影响工程施工进度，甚至还会使整体造价控制失控。

招投标文件因素。招标文件是纲领性文件，其内容包括招投标具体流程规定和建筑技术标准规定，但是在编制招标文件时，由于计价依据的不统一，对于工期和质量要求以及材料供应方式的不统一，使得工程招标文件在编制中存在困难，如果招标文件内容存在不合理之处，将影响后期工程造价。此外，因为招标人员专业能力的问题以及招投标制度问题，在关于招标文件编制和确定上存在信息沟通不畅、意见不统一的问题，而部分造价管理人员整体控价意识薄弱，这样就更容易使造价管理失控。

（二）加强高速公路工程招投标阶段造价管理的对策建议

完善评标机制。评标方法是招标文件的重要内容，在业主选择承包商时具有重要指导作用。因此，必须完善评标机制，选择适合自己的评标方法。目前常见的方法有最低投标价法和综合评估法，最低投标法虽然工程造价较低，但是可能会出现投标方为了中标而盲目降低价格的现象，但是在投标方中标开始投入建设以后就可能会出现为降低成本而牺牲工程质量的问题。因此，该评标方法主要适用在工程项目小，且对于书要求不高的工程项目中，对于大多数大规模建设项目和造价本身较高的项目而言，应该在综合考虑施工技术、造价成本等因素的基础上采用综合评标方法，这样有利于控制工程的质量。但是在工程量清单计价模式下招标时，必须对相关技术标准以及其他细节问题重点关注，结合工程实际和招标方法制定合理的评标方式开展评标工作。

明确合同内容和合同形式。在招投标阶段，明确合同内容和形式是为了实现更好的造价控制管理。在合同签订时，双方应就合同类型、条款结算方式等进行确定，采取合理的合同形式可确定双方利益的分配，保障项目目标的完成，从而实现对工程造价的合理控制。当然，在计算规则上，还要根据清单项目全面描述，准确计算项目的工程量，这样可有效的减少工程施工阶段中对于增加合同价和工程变更的可能性。

科学编制投标文件。投标文件的质量直接关系着招投标工作能否顺利完成，所以要准确编制招标文件，强化对文件内容的审核，确定所编制的招标文件可以实现对工程造价控制的目标。在审核时要有明确的目的性，对于投标文件中关于施工材料、机械设备等内容认真审核，尤其要对各合同款项审核。

强化招投标环节的造价管理要点。以清单计价模式为例，在该模式下，关于招投标阶段的工程造价管理和控制，首先要科学设计清单计价模式，在工程量清单中体现其设计的科学性，保证内容合理有效，保证各项内容规定公平公正，这是保证招投标工作在公平公正原则下有序开展的必要条件。其次，应该强化标底设计和审查工作，标底作为确定报价合理的重要依据，也是肯定建筑价值和成本价格计算的重要内容，必须加强对标底设计的审核，才能便于后期的造价控制。此外，在确定标底和标价以后，应该由招标方开展询标工作，在询标是排除非实质性和偏激性的报价，减少后期设计变更问题，同时就有关招标内容做好招投标双方的沟通联系，确定最后的招标价格合理科学。

综上所述，我国在高速公路建设方面已经取得了很大的成绩，同时高速公路的建设也推动了社会经济的健康发展。随着高速公路建设投资渠道的多元化，关于高速公路建设模式也变得更加灵活多样。在高速公路工程招投标环节，关于招投标的各项制度已经逐渐完善并走向成熟，推动高速公路工程项目走向完全市场竞争，形成完全市场竞争结构。尤其是市场竞争机制和价格机制的引入，促使符合资质的施工单位不断改进技术和内部管理机制，提高自身的竞争实力，为实现资源的合理配置、保证工程建设的质量奠定基础。为建设更加规范、高效和公平工作的高速公路招投标市场环境，有必要加强对高速公路工程招投标特性、市场准入、招投标管理等方面的研究。

第二节 公路工程招投标与合同管理

鉴于公路工程招投标与合同管理的重要性，从公路招投标的影响因素入手，详细地探讨了优化公路工程招投标的管理措施，然后分析了合同管理的内容与特点，并阐述了其优化方法。

公路工程建设管理是公路工程建设中非常重要的一项工作，特别是在公路工程招投标与合同管理方面。公路工程招投标与合同管理对公路工程的顺利竣工有着非常重要的意义。然而，目前我国公路工程招投标与合同管理方面仍然存在一些问题，影响着我国交通行业的健康发展。在公路工程建设过程中，必须加大对合同的管理力度，采用科学合理的方法实现高效管理。

一、公路工程招投标的重要性

在当下竞争越来越激烈的市场环境中，招投标在公路工程中的运用非常常见，这有利于各施工单位的公平竞争，同时达到利益最大化和效益最大化。在招投标活动中，招标人要根据自己的需要设置竞标条件，吸引符合条件而且有意愿竞标的投标人参与竞标，并根据招投标的相关规定流程进行竞标，从而选出中标人。招投标这种竞争形式不但规范了公路工程建设市场，还有助于招标方进一步了解施工单位的详细情况，选择适合工程的施工单位，对促进公路工程建设行业的健康发展有着非常重要的意义。以往公路工程建设一般采取分配制，这其中可能会存在暗箱操作，出现贪污腐败的现象，非常不利于相关管理人员对工程施工的管理和控制。公路工程招投标形式的运用真正实现了以市场为中心的任务分配方式和公平竞争方式，使公路工程建设市场在一个规范、公平的环境下进行竞争和交易，从根本上促进了公路工程建设的发展。

二、公路工程招投标的影响因素

在公路工程招投标中，招标人要对公路工程的所有影响因素进行综合、整体性的比较和考察。首先，影响公路工程建设施工水平和质量的基本因素之一就是投标企业的软硬件实力。因此，在竞标过程中，投标人要将企业的运行水平和优势充分展示，使自己在多个竞标企业中具有较强的竞争力，为竞标成功打下坚实的基础。其次，对招投标产生影响的因素还有招标方企业的运行现状，因为只有信誉高、有责任心、运行良好的企业才能使竞标企业放心与之合作，才能顺利地进行后期实际的施工建设。再次，道路工程项目也是招投标的重要影响因素之一，因为工程难度、要求、实际条件都是影响施工的关键因素。最后，施工现场环境也会对招投标产生影响，比如，施工现场的气候、治安等问题。

三、优化公路工程招标管理措施

不同项目实行不同的评价方式。要想提高公路工程招标的质量与效率，确保公路工程顺利完工，项目的评价方式显得尤为重要。不同的公路工程项目采用不同的评价方式，有利于确保公路工程项目的顺利实施，还能有针对性地解决项目中存在的问题。不同评价方式的适用对象不同，其中标底法因适用性较强而得以广泛应用。它不仅能促使招标顺利完成，还有利于提高公路工程建设的工作效率。需要注意的是，标底法因具有一定的复杂性，投标人员要注意工作的保密性，避免相关人员恶意串通，从而维持公路工程招投标的公正性，促使公路工程建设项目在达到利益最大化的同时达到效益最大化。

建设市场法律法规体系建设的加强及完善。当下，我国公路工程建设相关的法律法规尚不健全，而要想进一步优化公路工程建设市场，健全我国公路工程建设相关的法律法规体系势在必行。就当下我国公路工程建设的现状来看，制定严格、有效的制度对优化建设市场以及促进工程监督的全面实施有着非常重要的意义。一套完整的、科学的、合理的法律法规体系能有效的提高公路工程建设市场的运行效率，确保市场的规范性。体系中的管理方法有利于约束招投标双方，使双方的权利和义务得以明确划分，避免在招投标过程中以及后期合作建设中出现不必要的麻烦或产生不必要的经济损失。

四、公路工程中的合同管理

公路工程合同管理的特点。合同是指平等主体之间设立、变更、终止民事权利和义务关系的协议，旨在保护平等主体的权利不受到损害，维护双方的合法利益。公路工程合同主要是在《合同法》的基础上对一些与公路工程建设相关的定义进行总结，从而得出有关合同的定义。公路工程合同的管理目的是使公路工程建设市场规范化，使公路工程项目在竞争激烈的市场经济背景下，保证施工质量和效率，顺利完工。除此之外，公路工程合同的风险管理也至关重要。只有对公路工程合同进行科学管理，才能在最大程度上规避风险。就当今社会的公路工程建设现状下，对道路建设项目合同进行科学、合理的管理和控制是保证公路工程良好市场秩序的重要手段，具有非常重要的意义。

公路工程合同管理的内容与优化。公路工程合同主要对以下两个方面进行管理和控制：项目合同管理，即对项目进行管理时实施的全部过程；单项合同管理，即从交涉商谈合同一直到合同解除这一全过程整体的管理。这两个公路建设管理方面的顺利实施能够使整个公路工程建设项目的进行更加顺利。

在公路工程项目实施过程中，相关合同管理人一定要熟悉合同内容，对合同中的每一条文都要进行充分研究和分析，只有这样，才能在双方合作的过程中高效地解决问题。在洽谈合同的过程中，许多人为了维护自身利益不受损害会在合同中添加一些专用条款，而这些条款的法律效益一般都会大于通用法律条款的法律效益，因此，合同双方要增强法律意识，避免在出现问题时缺乏有利的条款来维护自身利益，致使经济利益受到损害。公路工程合同管理人要对涉及合同的事件进行书面记录。另外，公路工程建设面临一些风险，所以工程质量把关非常重要，同时加强对公路工程合同的科学管理，以便最大程度上规避风险。此外，相关人员一定要对合同的拟定过程严格把关，掌握合同双方的情况，以便在出现问题时可以及时采取措施、降低风险。

综上所述，要想我国公路工程建设能够科学健康地发展，加大对公路建设工程招投标与合同管理的重视程度是非常有必要的。在公路建设工程招投标与合同管理中，只有凭借相关法律体系的规范性和监督性，才可能大大提高公路工程的施工效率和质量，促进我国交通行业的发展。

第三节 公路工程招投标阶段的造价管理

从公路工程招投标阶段造价管理依据出发，在总结分析公路工程招投标阶段造价控制原则的基础上，列举了公路招投标阶段的造价管理措施，目的在于提升公路招投标的造价管理水平，提高企业的发展能力。

造价管理是现代化工程建设中较为核心的一个环节，尤其对公路工程而言，投标阶段若不能进行科学有效的造价管理，最终的项目实施会存在较大的经济风险，而项目所要达到的收益也会大打折扣。若能做到科学高效的造价管理，不仅能确保工程施工的经济效益，还能为工程质量打下坚实的基础。

一、公路工程招投标阶段造价管理的根据

近年来，我国对公路工程招投标造价的管理逐渐与国际标准相协调，形成了较为合理且适宜的工程量清单计价方式。交通运输部制定了《公路工程基本建设项目概算预算编制办法》（JTG B06—2007），对公路工程建设过程中涉及的项目概算和编制预算等进行了明确的规定；制定了《公路工程预算定额》（JTG/T B06—02—2007），对招投标造价管理过程中产生的损耗进行了限定。如此一来工程造价就有了更为明确的参照标准。需注意的是，涉及的计量单位应严格按照工程量的计算标准来实施且项目的划分也需统一。公路工程在造价方面的价格体制应与时代发展协调一致，确保时新和灵动，还需遵循市场规律，同时要对政策性的调整保持警觉。

二、公路工程招投标阶段造价控制原则

客观、实际及市场化原则。如需确保招投标阶段造价控制在遵循市场化准则的基础上更为客观合理，就要对以下问题做出妥善处理。其中对市场的调查、公路工程的特点及计价的掌握无疑是最为核心的内容，务必使其达到精密科学，对项目的具体运行状况也需分析到位。

尊重科学，保证合理性和可操作性。通常情况下，公路工程在招投标阶段有一定的造价管理机制供参照。但要达到有效的控制，应预先评定机制的合理性并使其优点得到最大化。另需注意的是，价格的制定应严格遵循市场变化规律，以避免出现不合理的情况。

总价、单价指标双控原则。公路工程造价管理既要做到全面系统，也要对细节部分做到科学把控。以下情况应引起重视：①一般情况下工程的资金投入会出现浮动，单价的精确性和可靠性就会受到影响；②对招投标阶段各种因素的分析应确保全面详细，还应强调统一，以免出现各阶段报价不平衡的情况；③务必要对涉及的公路工程技术要求及工作量清单引起重视，以确保造价管理不出现疏漏和差错。如果在实际的造价控制过程中能紧密贴合变化情况，进而做出实时的调整，则相应的工作部署会更科学合理。

三、公路招投标阶段的造价管理措施

建立健全招投标制度。公路工程的招投标造价管理如能建立完善的制度，必然会得到较高的回报。只有在制度不断得到健全的情况下，相应的造价管理才能获得最大效力。要建立完善且适宜的制度应致力于以下方面：①要确保合法合规，同时应贯彻落实必要的监督，以确保相关工作的稳定高效；②在国家法律法规的基础框架内不断完善相关的管理办法，从而实现对各项工作的全面管控，各个区域的主管部门也要明确对招投标各阶段工作监督的重要性，以达到最佳的管理效果。

加强对招标文件的管理。招标文件是招投标造价管理中较重要的一项内容，其关乎工程施工的效率和质量及工程竣工结算等。因而对其的控制应格外谨慎并使其达到科学合理的状态，以下问题应引起足够的重视：①在对招标文件编制的过程中，要事先对招标项目的具体情况及范围进行系统分析，以免在后续施工中因理解错误出现造价增多的情况；同时还要确保文件编制的准确性，以更为全面真实地反映招投标的具体情况；②招标文件应确保能对材料设备的具体情况有详细准确的说明和分析。

加强财务决策管理。对公路工程的财务管理和日常经营来说，财务决策非常重要。通常情况下，在核算招投标阶段，企业一般都是以利润作为具体工作的出发点，但为了使得这样的布局更为高效，适宜于自身的机制设定也至关重要。与此同时还需事先进行测试和评定，以确保后续长效稳定的发展，产生的报价也会更合理准确。

制定科学合理的强制性标准。项目文件是招投标阶段不可或缺的内容。对于招标，达到工程强制性标准是最为基础的内容，而项目文件就是强制性标准。通常情况下，强制性标准能广泛作用于单位的规模、经营管理的性质及人员的综合素质且作用力较明显。因而招投标阶段在制定强制性标准的过程中，要严格遵守相关的制度性规范，还要考虑外部的一些影响因素，从而为科学合理的强制性标准的制定奠定基础。

选择科学、合理的合同价格形式。合同在招投标阶段的作用也很重要。合同的制定一般会涉及诸多繁杂的条款，如支付相关条款，同时还有一些义务和权利方面的明确限定。需注意的是，合同的管理应做到谨慎严密且要确保其与工程进度的协调统一，从而最大化获取预期的工程效益。

编制合理的工程量清单。工程量清单也是公路工程招标文件中一项重要的量化指标，能使造价设置更为科学合理。工程量清单是招投标过程中招标人提供给投标人的一份文件，以给出项目具体情况的详细说明，如项目的单项细目和工程费等。这也会成为投标人工程量计价的一个参照标准。当然，处于动态控制下的报价更易于达到科学合理的效果。

工程量清单的编制应确保清晰明确，涉及的数据应准确。要使工程在造价控制中获得最佳的效果，编制工程量清单过程中应选择以清单的计价模式实施。

关注投标控制价的编制，招标控制价通常由业主制定。在具体实施的过程中，业主单位需充分参照相关或相同项目施工中的有关数据。就造价资料数据而言，只有在相同项目中标价格得到概算且工程全过程的造价数据得到分析后，才能确保所得出的控制价是科学合理的。业主单位还应具备相关项目管理的经验和能力，在施工出现问题时能对其进行妥善且有效的处理，同时若能充分收集相关的信息，对相关工作的实施也较有利。业主单位还应全面掌握招标工程的具体情况并熟练运用涉及的法律法规。同时应将施工技术、检测标准及相关的制度规范熟记于心，实时观察市场的动态变化。编制工作应保证在规定的时间内完成，由承包商具体负责。承包商应选择经验娴熟的工作人员，从而确保最终得到的编制更为科学精确。

综上所述，公路工程要获得最大的效益回报，务必要在工程的成本管理上做到精准科学。同时使造价管理中涉及的相关责任方和因素达到最为协调稳定的状态，为工程造价的科学管理奠定坚实的基础。

第四节　交通公路工程招投标

随着我国社会经济的高速发展，人民生活水平的提高，交通基础设施建设方面也获得了较大发展。尤其是面对当下构建并健全的社会主义市场经济体系，招投标工作作为交通公路建设的关键环节，不仅与交通公路建设的质量紧密相关，而且还直接影响到交通建设单位而以及企业的资金投入以及成本控制。本节首先对交通公路工程的招投标现状进行了简要概述，其次深入分析了在招投标过程中的问题，最后针对这些问题提出了一定的解决措施，希望能够给予相关研究人员一定的帮助。

目前，面临着社会交通公路的巨大压力，国家不停加强对交通建设的投资监督力度，交通公路工程建设开始落实招投标体系，进而来提升公路建设竞争的公开性、公平性、透明性。但是，在招投标实践过程中，因为受到诸多不可预测风险的影响，交通公路工程招投标工作还存在许多问题。所以，为了逐步健全交通公路工程招投标体系、为了紧跟时代发展觉得步伐，相关单位一定要将交通公路工程招投标工作摆在重要位置，采用可行性强并且科学合理的方法，不断健全与交通事业招投标工作相关的制度、体系，确保我国交通公路建设的健康持续进步。

一、交通公路工程招投标现状

近年来，伴随着我国交通公路工程招投标建设的而相关法律法规的逐步构建、完善和落实，我国与开展招投标工作的每个流程都开始了规范性、科学性、合理性的作业，很大程度上减轻了交通公路的建设压力，有利于不断提升交通公路工的建设质量、实施对工程全过程费用的检测。尽管目前我国的交通公路建设招投标工作取得了一定的发展，但是如前文所述，该项工作在我国的建立时间不长，面临着诸多的风险因素，仍然存在许多问题。

二、交通公路工程招投标过程的问题

在招标阶段的问题。在招标阶段主要存在两个方面的问题：故意排斥潜在投标人以及虚假公开招标。前者有两种情形：首先，投标人的招标文案以及在资格预审阶段有意设定高要求，有意让投标者知难而退，或者依据自身的倾向，设置符合内定投标人的要求，让中标人成为提前内定或者自身满意的投标人。其次，有意减少报名期限，造成潜在投资商不能知晓，错过报名时间。而后者虚假公开招标的主要形式如下：投标人之间进行利益协作、相互串通，排斥其他的招标人，使得中标人为利益提供者；部分工程建设企业指定施工承包商；招标人与投标人之间事先协定好招投标过程，蓄意伪造出虚拟的公开招标活动；工程建设单位内定施工单位，让工程承包商依据招投标流程，与其他工程承包商相互串通，来获得预期结果。

与评标相关的问题。与评标相关的问题主要体现在以下三个方面：第一，项目评分分值不统一。因为对于不同的交通公路工程项目的具体评分项目分值存在不同，例如，部分工程项目依据工程承包商的技术水平评分，而其他的依据施工单位可否缩减工期来决定，因此缺乏统一、标准的评分项目分值分布，无法准确评定工程的全部的项目。第二，评标办法约束条件多。目前采取最为广泛的办法为综合评标法，该方式即使能够及时高效地控制工程造价，但是极容易导致招投标的各个环节被诸多因素的干扰，如，开标、评标以及定标。另外，编制人的编制水平和建设技术等因素，无法准确的表述施工全过程所需的预算或者工程造价。第三，评委会有失公平性。在交通公路工程评标阶段中，随机组建或构成的评标委员会，在人员安排上极不合理，极易造成评标人根据自身利益和喜好来进行评分，容易造成串通事件的发生，因而影响招投标工作的公平性。

三、完善交通公路工程招投标的对策

健全招投标相关制度。健全招投标的相关制度可以从两个方面进行：第一，健全招投标制度。在交通工程招投标阶段中，相关人员应该严格按照新时期竞争原则，遵纪守法，不断健全招投标制度，将每项任务落实给具体部门的有关责任人，责任人再进行工作的精细化分配，实现工程责任的具体落实。第二，完善招投标的管理体系。完善招投标整个过程的管理控制体系，保证交通公路工程的招投标工作的良好竞争环境。另外，监管部门应该加强对交通工程招投标阶段的监管督查力度，防止出现暗箱操作、弄虚作假的行为，一旦出现立即处理违法行为，保证监管单位权责分明。

构建招投标惩处机制。因为交通公路工程的招投标工作涉及内容广泛，因此，很容易导致各种违规违法行为滋生，所以构建招投标惩处机制是符合时代发展需要的产物。交通公路工程以及交通运输管理部门必须构建招投标信用额度体系以及信用公示制度，实现对招投标阶段中所出现的围标、陪标、恶意投标等违法违规行为开展信用额度的扣减并且给予公布。加强对虚假招投标行为的处罚力度，构建信用额度处罚以及经济利益惩处相结合的体系，提升相关企业和单位的违法成本，依据情节严重程度，进行对应的处罚，必要时可以吊销违法企业的投标资格，规定期限中禁止参与招投标活动。

推广合理低价中标。合理低价招标是国际通用的招投标体系，该方式规定招标人无法设置标底并且不公布标底，一旦招标文件符合条件，中标者就是评标价最低人，这种方式极大排除各种人为因素，可以高效实现招投标过程中的非法行为。另外，低价中标者给出的工程造价不可少于招标人所提供的中标成本，因为建设项目相同的施工单位由于各种条件的优异，可以实现最大化降低工程成本，即使低价中标单位的工程造价低于招标人的工程成本，也可以提前进行资格核实、监察工程监管力度等方式来规避此类风险产生。

综上所述，由于交通公路工程招投标工作的繁杂性以及系统性，构建公正、规范、科学的招投标体系是十分有必要的。交通公路建设单位以及企业要想获得较大的经济效益、促进企业的持续稳定发展，就应该根据招投标体系来开展各项工作，健全招投标相关制度、构建招投标惩处机制的同时，推广合理低价中标，聘请技术水平高、管理水平高的投标人来开展工程建设，切实提高工程的建设水平，不断推动我国交通工程事业的发展。

第五节　公路工程招投标工作的关键环节

对于公路建设行业来说，目前正处于发展的黄金时期，但受一些外界思想以及公路建设方式改变的影响，现阶段公路工程的招投标工作存在一些关键问题，本节就一些关键问题进行阐述分析，以提高招投标工作的质量。

一、招标、投标文件的编制

招标文件的编制。对于招标文件的编写，因为是面向社会公开招标，为了保障以后工程的施工质量，应该严格选择项目承包商，并且也应该使承包商对所招标的工程项目有充分的了解，这就要求招标文件的编写工作中，应包含对于工程项目的详细介绍，包括所招标工程项目的地理位置、周围环境以及工程情况等。在保证相关机密信息保密地前提下，应给投标单位提供全面地信息，以便做到公平竞争。其中应包括公路工程招标项目的大致情况，周围环境、投资形式以及工作的体量的大小等。另外，在招标文件内还应明确地写出评标细则以及打分的标准。最后，有些项目较为特殊会有些特定的要求，也应该写明。总而言之，要保障投标单位全面的了解信息，相关资料都应给投标单位提供，使招标文件具备较高水平。

投标文件的编制。在我国，投标文件的编写要依据相关文件以及招标单位所发布的招标文件。编写投标书前，应该深入综合地了解招标项目的相关信息如合同条款、施工要求等内容。

投标单位在编写投标文件时应注意以下几点：首先，对于投标文件的编写不应该只着眼于一些表面的形式例如盲目地套用一些技术规程、规范，而脱离实际，而应多考虑后续的管理工作、施工安排、资源的配置，还应考虑如何高质量地完成项目、如何节约成本减少投资、施工过程中如何保障安全等？这样才能根据多方面对于实际情况的考虑写出高水平的投标文件。尤其需要注意地是，对工程项目地报价的过程，应该谨慎细致地逐项计算，凡是按照相关规定应该计费的都应涵盖，这是基础工作，在此基础上，还应考虑一些其他相关方面。例如，应仔细审阅设计文件以及招标的要求，做好实地考察工作并考虑周围环境的影响，掌握相关的评标方法，还应考虑到价格也会发生变动，从而合理的确定报价。

其次，还应注意投标文件中所列的人员管理问题，因为，现在市场上经常存在的问题是投标书中所列人员配置经常在中标后会发生变动，一人多职的情况经常发生。因此，这一问题需要着重关注，招标单位在投标之间确认自己的人员配置，确保在签订合同后，投标书中的主要人员到位，需要重点注意的职位是项目经理，应为在一个项目中，项目经理往往承担着较为关键的责任，应确保项目经理有足够的能力，最好选择业主所认可具备能够胜任此职的人员。对于其他担任关键职位的人员，若发生由于种种原因不能到位的情况，应及时与招标单位协商，更换为具备同等条件或高于原定人员的，经过对方同意后，在执行相应的手续完成人员的更换。但仍应该保证人员的更换尽量数量不能太高。

二、确定合理的评标标底和评标细则

现阶段，在公路工程的招标中，主要评标办法有：合理低价法、综合评估法、经评审的最低投标价法。

合理低价法评标办法直接采用唱标的形式，通过资格审查，商务报价最低的竞标者即可成为第一中标候选人，但是价格不能随意设定。

综合评估法是在开标以后，按照评标办法进行量化评分，可以将各种商务、技术评标因素转化为价格调整因素，对价格以外的评议因素进行综合评议，其中这种方法设置很多决定因素，各个因素所占的比例不同，通过综合打分，得到评标结果。

经评审的最低投标价法是评标委员会根据招标文件中规定的评标价格进行调整，中标人应满足投标文件中的要求以外，并且评标委员会不需要对中标者的技术部分进行价格折算。

三、评审专家的要求

评审专家在招投标工作中起着为招标单位把关的作用，在整个流程中，承担的责任较为重要，这也就对评审专家提出了相对较高的要求。作为一名合格的评审专家，应具备全面的知识，包括国家以及此行业所制定的规定，不仅如此，评审专家还应以身作则，秉持"公平、公开、公正"的原则，对于评标纪律如相关机要文件的保密工作等也应遵守。为了避免由于专家的问题而产生的评标不公正现象，还应加强监督工作，相互制约，使评出的结果令业主、专家、社会满意，选到有信誉、能力强的承包商，这样才能使工程项目较好的完成。

另外，对于评审专家来说，由于短时间的工作量过大，不可避免地会出现疏漏相关投标文件的情况，以至于影响到最终的评分。为了解决此类问题，首先应该对评标办法以及基准进行一定程度的简化，使量化指标明确，减少因个人经验而做出判断的情况，这样既减轻了评审专家的负担，也有利于提高评审工作的客观性。还应在评审专家审阅之前，由相关校对人员，仔细将投标文件以及招标文件中的每一条款进行对比。在对比过程中，发现投标文件中有表述不清或是与招标文件相异的情况时，应进行统计、标注，方便评审专家查阅。在以上清标工作的基础上，每位评审专家应仔细核对清标的结果，并按照规定的扣分标准进行打分，必要的还应与其他评审专家进行讨论。最后，评审专家组长应发挥自己的主导作用，根据各评审专家所提出的意见做出自己的判断，并按照相关的文件做出总结，为了保证整个评标工作的公正公开公平，还应组织各评审专家以及业主开会，在现场公示各评审专家的打分情况，并说出相应的理由。

综上所述，招投标工作应落实相关的法律法规，始终秉持公平公开公正的原则，这样才能更好地完成施工项目，促进整个行业健康的发展。

第六节 公路工程招投标工作的法律法规

随着实践的不断发展，招投标工作出现了许多新情况和新问题。由于《招标投标法》的有些规定较为原则，缺乏必要规范，不能很好地指导具体的工作。例如，对资格审查、评标等程序规定得较为原则，对于限制或排斥潜在投标人、围标、串标、以他人名义投标等违法行为，缺乏具体认定标准，实际工作中很难查处。针对以上情况，各部门、各地方采取了一些措施，但由于缺乏上位法律依据或者受立法效力层次的限制，效果不明显。

一、法律依据

为了规范招标投标活动，1999年8月30日第九届全国人民代表大会常务委员会第十一次会议通过并发布了《中华人民共和国招标投标法》，于2000年1月1日起施行。《招标投标法》作为招标投标领域的根本大法，对招投标工作具有深刻的指导意义，对规范招投标市场秩序发挥了重要作用。

《招标投标法》颁布实施后，为做好本部门、本地区招投标工作，国务院有关部门和各地方陆续出台了招投标地方性法规、规章和规范性文件，为依法规范招投标活动提供了制度保障。但由于大多数配套文件在制定过程中缺乏必要的协调，客观上造成了规则不统一，不利于招投标统一大市场的形成。

规范有力的监督是招投标法律制度得以顺利执行的重要保障。《招标投标法》对行政监督的规定较为原则，实践中行政监督缺位、越位与错位的现象同时存在，另外，当事人投诉渠道也不够畅通，投诉处理机制不够健全。

二、行政法规

在上述背景下，国家发布了《关于贯彻落实2007年反腐倡廉工作任务进一步加强工程建设招投标监督管理工作的意见》，并在文件中提出了"抓紧制定和上报《招标投标实施条例（草案）》"的要求。2011年11月30日国务院第183次常务会议通过并公布了《中华人民共和国招标投标法实施条例》，于2012年2月1日起施行。

首先，《条例》就招标投标各环节，从开始招标到评标甚至合同签订过程均作了比较细致明确的规定，将以前的法律规定进一步具体化，增强了可操作性。比如，《条例》对可以邀请招标和不招标的情况给出了清晰界定；明确了资格预审文件、资格预审申请文件、招标文件、投标文件的发售时间、提交时间、提出异议时间等。

其次，《条例》对很多原先法律规定比较笼统、实践中难以认定和处罚的几类典型招投标违法行为进行了明确的认定，并且与《招标投标法》衔接，进一步强化了这些违法行为的法律责任。如对招标人以不合理条件限制、排斥潜在投标人详细说明（第32条），对何为串通投标行为进行了明确的规定（第39条、第40条、第41条）。

再者，针对监督及投诉的诸多问题，国务院办公厅发布了《国务院办公厅关于进一步规范招投标活动的若干意见》（国办发〔2004〕56号），明确要求各部门严格按照国务院规定的职责分工，加强和改进招投标行政监督工作。《条例》的实施正式落实国办发〔2004〕56号文件要求，切实改变招投标行政监督不规范的状况。

总之，《条例》的颁布在行政法规层面对招投标配套规则进行了整合提炼，促进招投标规则统一，增强招投标制度的可操作性。此后的很长一段时间，各部门、各地方均对涉及招标投标的地方性法规、部门和地方政府规章以及规范性文件进行了全面清理、修改、废止或出台新的配套规定。

三、部门规章

作为对《招标投标法》和《实施条例》的补充，以及对交通工程招标投标工作的指导，2015年12月2日经第23次部务会议通过，《公路工程建设项目招标投标管理办法》（中华人民共和国交通运输部令2015年第24号，以下简称《管理办法》）出台，于2016年2月1日起施行。

原交通部曾于1989年首次发布《公路工程施工招标投标管理办法》，并于2002年、2006年进行了2次修改期间，陆续发布了《公路工程施工监理招标投标管理办法》《公路工程勘察设计招标投标管理办法》《公路工程施工招标资格预审办法》等文件。作为最先施行招投标制度、最早全面开放建设市场的行业之一，交通运输行政主管部门一直紧遵上级相关法律法规的规定，紧跟时代的发展持续不断的完善、改进，以适应新的要求新的形势。

《管理办法》出台后，针对招投标工作有以下几点重大变化：

首先，公告发布时要同步公开招标文件的关键内容，包括资格条件及评标办法；评标结果公示时要公开中标候选人的关键信息，包括企业业绩、报价、排名、主要人员的姓名和资历等；评标关键信息要公示，包括评标得分、所有否决投标的单位名称、原因以及对应的条款；此外，行政主管部门的投诉处理决定、招投标当事人的不良行为信息均应作为公开内容在相关网站公示，接受全社会的监督。

其次，《管理办法》规定除特别复杂的特大桥梁和特长隧道项目，在投标阶段，投标人只需要填报主要人员，如设计负责人、总监理工程师、项目经理和项目总工等，其他管理和技术人员的具体人选由招标人和中标人在合同谈判阶段确定。这一规定，能够减轻投标人的压力，无须在投标阶段确定全部人员；另一方面，也避免了以往在投标阶段投入的人员无法在合同实施期间到位的问题。

再者，《管理办法》明确了公路工程建设项目采用公开招标方式的，原则上应采用资格后审。采用资格后审的施工项目，勘察设计、施工监理项目应当采用双信封形势密封投标文件。如此一来，通过资格审查的投标人在评标之前均处于未知状态，招标人和投标人均无法确定最终参与投标的有效投标人及其数量，则很大程度上防止了投标人之间的串标行为，也有效避免了投标人于招标人之间的串通。此外，《管理办法》就施工评标新增了技术评分最低标价法，即通过综合评分的方法选出排名在一定数量之内的投标人，再按其评标价由低到高的顺序推荐中标候选人。这种评标办法在避免围标、串标的基础上，更有利于招标人选择到综合实力优、管理水平高的中标人，能够充分体现招标投标的公平且择优的原则。

《管理办法》的出台，进一步完善了现有的公路工程建设项目招标投标制度，使公路工程的招标及投标工作更具有可操作性。《管理办法》出台的同时，清理和废除了一批已经不适用的规章及规范性文件，完善了公路工程建设项目的招投标法规体系。

第四章 公路工程管理研究

第一节 公路工程管理中的问题与改善

本节主要从技术人员管理问题、施工质量问题、合约问题及成本管理方面分析公路施工管理中的问题，进一步提出公路工程管理中问题的解决措施，主要通过理论与实际相结合、增强技术检测能力、建立公开招标平台、建立科学施工队伍方面来实现，旨在提升管理成效，维护公路工程建设的综合效益，仅供相关人员参考。

近几年，我国公路工程建设过程中，由于管理不到位导致诸多问题出现，此种情况下公路工程建设质量无法得到保证，严重影响公路交通的正常运行，甚至给社会群体的生命财产安全造成严重威胁。在此种情况下，为全面提升公路工程管理的成效，加强公路工程质量控制，探讨公路工程管理中的问题与改善措施是非常必要的。

一、公路施工管理中的问题

（一）技术人员管理问题

施工现场人员多而且杂，各岗位人员素质良莠不齐，直接影响施工工程的质量。由于各岗位人员层次存在一定差异，无论是在安全意识方面，还是在技术标准等方面，对于问题的分析也有所不同。一旦施工过程中会产生分歧发生矛盾，势必会影响公路工程建设进度和质量，甚至给公路工程埋下隐患。

很多施工方为降低人员工资开销，施工前找一些临时工充当技术工种人员，但实际上这些群体并未接受规范的岗前培训，并不具备公路施工专业素质与综合能力，在参与公路建设的过程中操作规范性不足，极易对公路施工质量造成不利影响，甚至给公路工程项目造成不必要的损失。

（二）施工质量问题

工程质量管理是整个工程的重中之重，极易受到多方面的影响。比如，人员素质、技术熟练度、施工材料质量等。很多施工项目规划很好、标准很好，但是缺少技术过硬的熟练技术工人，员工素质低、技术不过硬导致工程质量出现很大漏洞，工期管控不到位且工程质量低下。

大多数施工单位只重视施工带来的经济效益，忽视施工质量要求，导致出现很多豆腐渣工程，桥梁倒塌、路面凹陷等现象发生，即使事后补救也不能挽回企业形象的受损。

技术人员与施工人员进行工作交接时，必须要加强细节管理与控制，从细节抓起对注意事项进行研究讨论，发表各自不同的观点最后达成一个合理的方案，运用科学管理控制施工中存在的难点疑点，充分考量施工中存在的意外事故，做好提前准备。

（三）合约问题

公路工程工作量大而复杂，涉及范围广，因而合约管理难度较大。合约业主如果私下添加一些对自己有利、对他人有害的合约条款，实际上是很难发现的。业主不按照合约内容进行施工操作，导致施工工期长，资金周转困难、人员混乱的情况下，极易导致工程质量下降。

业主为满足自身经济利益私下添加条款，造成一些不必要的浪费，未让资源达到合理的运用拖延工期，造成施工现场秩序的紊乱。此种情况下要求领导人员充分发挥带头作用，以身作则投入到工作中去。此外，还应建立一套完善的监督机制，严格遵守规章制度，规划好每个部门的职业任务，最大程度上避免业主徇私舞弊现象的出现。

（四）成本管理

一个工程开始施工前都有着固定的成本资金，工程施工前业主与施工方进行科学的规划，投入合理足够的前期成本。但是有些施工单位并未对其资金进行合理运用，甚至出现按照个人喜好随意支配资金的情况，造成工程资金不足工期拖拉。在资金成本中未能科学合理安排运用，缺乏专业知识。施工队伍领导人应以身作则，领导员工进行成本规划避免徇私舞弊的发生。一个好的工程重在质量，成本的控制虽然重要，但是不能忽视质量，相关技术人员必须要加强对于成本的控制，做到既不抬高也不压低。由此可知，公路工程管理中成本管理是一项重要内容。

二、解决方案

（一）理论与实际相结合

在道路桥梁的施工设计中，必须要坚持以理论为基础，按照理论做好前期规划工作，为后期科学改动提供有利条件。中国古代桥梁建筑举世闻名、百年不倒，造桥理论在当今也是可以用的，书本上的知识与理论相结合，既能保证施工顺利进行，又能提高施工质量。

在施工前，建立严格的监管制度进行全面分析，保证设计能够满足当前技术条件施工资金。施工队伍与设计人员技术人员，理论与实际相结合，设计出合理美观的规划图，在技术人员的指导下，施工人员科学合理进行施工，对影响施工质量的因素进行分析解决达成最佳方案。

（二）增强技术检测能力

公路工程是否可以顺利进行，技术检测占很大一部分。检测分为自测、工程师监测、监管部门监测三部分。自测是最重要的也是最容易被忽视的，导致施工质量不达标造成事故的发生。所以，要在自测方面下功夫，做到自己检查自己多方位、多层次的系统有计划的检测。一旦在检查过程中发现问题，技术人员和施工人员合理科学的处理问题，提高工程的整体质量达到行业标准。

（三）注重工程材料的质量问题，建立合理公开的招标平台

只有建立一个公平透明公开的招标平台，才能保证施工材料选材透明不存在徇私舞弊现象。提高技术人员职业素质，以工程质量为衡量标准，不因一己私利贪污行贿，以认真做事原则保证材料达到行业标准。建立公开的招标平台确定材料质量达到工程标准要求，没有其他人员从中缤缝，招标文件要一步一步的通过审批，取得政府通过文件备案后，施工单位进行材料采购。

一旦出现徇私舞弊现象，无论是谁都要严加处理严惩不贷。招标后，选用技术过硬、经验丰富的老技术人员采买材料，公平透明的招标平台使得材料的选用变得透明，从而达到降低工程成本。

（四）建立科学合理的施工队伍

一支专业素质高的施工队伍，会让整个工程的实施顺利完成事半功倍。人才的质量是施工前的保障，在面试环节，应加强专业技能的选拔，尤其是在岗前培训期间要高度重视人员操作技能训练。人才的选拔很重要，公司应对其进行定期培训，传授施工技巧与方法，提高工作效率减少误差的产生。工作时间长对体能要求要求很高，在选拔过程中侧重于体能考核。挑选最优秀的施工人员，对其特殊培训。

优质施工队伍的组建，要确保施工人员能够具备良好应变能力，能够结合时代发展需求及时更新理念，不断强化自身技能、提高专业技术水平。领导应该充分调动员工的积极性，活跃施工队伍气氛，关心员工个人问题，多为员工考虑，尽可能消除安全隐患，保证经济效益，提高员工的职业归属感，全方位提升综合素质，强化员工的集体意识，确保其能够以饱满的热情参与到工作中，能够自觉与同事团结协作，避免勾心斗角等情况的出现。

社会的发展离不开公路的建设，公路建设的发展同样促进经济的发展。完善管理制度、提高人员素质、协调各方面影响因素，公路施工管理是很复杂的，只有建立一套科学完善的施工程序降低施工成本，才能保证施工效率发挥最大经济效益。施工前的招标平台要透明，采办材料要合理，施工中的人员选拔要全面考虑，设备器械要合理运用，施工后要注意后续工作的交接，接受社会各界的审查与监管。对于错误及时改正，面对赞许切勿焦躁。

总之，施工方投资方只有成本效益两头抓才能实现经济与成本的平衡，达到利润最大化。在公路工程管理过程中，要建立一支科学、透明、信息化的专业施工队伍，完善相关规章制度达到企业和社会的共同认可。公路建设要从质量、安全中考虑，把规章条例中的重点部分落实到实处，加强相关人员的培训，生活离不开公路，而保证社会秩序的稳定离不开公路的建设。要想提高公路质量，不光要从施工质量抓起，还要从材料、科学技术、人员、资金等多方面考量。培养相关技术人员，加强施工人员自身素质，减少因施工错误，技术问题发生的公路事故，提高公路路面的质量，加快社会主义现代化进程。

第二节 公路工程管理模式

我们国家在公路施工管理方面已经有了不小的进步，在成绩上也有了比较明显的上升。然而目前的公路施工管理质量与水准都没有达到一个比较理想的标准，伴随的是各类施工方面事故的发生，经常出现的工期延期问题以及一些比较严重的交通安全事故等，所以目前我国公路施工方面在社会上影响较差，实际的施工质量与控制方案也有待提高。

一、公路工程施工管理主要内容以及重要性

伴随我们国家的综合实力不断增强，国家在公路建设方面的投资力度也越来越大，对于公路的施工技术研究也越来越多。虽然我们国家的经济水平有了明显的提高，但随之而来的是公路所负荷的交通运载量也发生了急剧的上涨，随着人们对公路行驶的质量需求不断提高的同时，也给公路工程的发展带来了巨大的压力。所以我们需要提升对施工质量的管理方案才能有效地推动我们国家公路工程的全面发展。施工管理的内容要包含对于生产原材料、施工工作人员、所用设备与施工的工艺等几个重要的方面进行严格的把控。针对像资源配置、生产的协调问题等一些对公路工程质量存在一定影响的方面也要制定严格的标准进行把控，这样才能够有效的保障整个工程的顺利进行。然而由于公路施工工程当中所需要的工艺难度是比较大的，并且所用到的设备复杂性也非常高，这就会使施工过程当中出现一些不可避免的细节问题，如果处理不到位的话会对最终的施工质量造成很大的影响。所以负责管理的工作人员需要在曾经发生过的事故当中吸取一些经验，同时他们也需要具有根据实际环境相应的改动管理制度的能力，这样有效的削弱针对在不同地点施工时产生的差异性带来的影响，能够更进一步的提高施工管理在公路工程当中的作用。

二、公路工程施工管理工作中存在的问题

（一）施工管理中存在的技术问题

任何一个国家最基本的交通建设设施都是公路，公路的建设也是普遍性最高的。伴随我们国家经济增长的同时公路工程的总长度也在不断增加着，现在依然存在很多公路工程处于施工或者待施工阶段。但因为我们国家的公路工程发展时间相对较短，在管理工作这方面也不够成熟，这也就需要所有的工作人员共同努力才能够进一步完善管理方面的制度。在实际的施工当中，工程测量与土石方的测算是两种非常基础性的工作，但同时也是非常容易出现问题的阶段，这些问题会对后续的工程施工造成很大的影响。

（二）施工管理中存在的人员与制度问题

公路工程最有代表性的特点就是施工难度非常大、对于技术要求非常高并且施工工作人员也是很复杂的，所以在实际的施工管理当中既要解决相关的技术性问题，也要良好的

解决人员与制度方面的问题。所谓的人员问题，也就是施工工作人员的综合素质不够高，他们在专业技能方面比较薄弱，一些施工人员在施工当中对图纸的理解比较差，进而根据自身的经验进行工作，这会给整个工程带来很大的安全隐患问题。除此之外，存在一些施工管理工作人员在进行管理的时候没有一个端正的态度，在意识方面比较薄弱，他们对施工监督的及时性与力度上都有着很强的滞后问题。制度方面问题主要体现在整个体制不够完善上，通常会发生出现事故之后责任人不够明确的问题，这就会给整个工程的施工带来很大的负面影响，也会直接威胁到施工质量。

三、公路工程施工管理措施

（一）建立公路工程施工管理制度

在公路工程管理工作当中需要制定出一个科学合理的管理制度，才能够有效的保证整个施工的顺利进行。也就是说只有更加完善、健全的施工管理体制才能够有效的保证施工的正常进度、高质量水平以及安全性问题。除此之外，在对施工管理体制进行完善后也要设定有关的考核机制，特别是对施工现场的管理进行考核，在具体施工工作开展当中既要强化对施工人员的监督管理，同时也要对每个人需要承担的责任进行明确，进而保证整个施工的顺利。

（二）做好材料管理和人员管理

在公路施工当中，施工的原材料是非常重要的组成之一，所以对材料的管理需要更加严格，如果材料管理方面出现一些问题的话就会给整个公路施工带来巨大的影响，严重的话会导致比较大的经济损失。因此，施工阶段对于材料采购方面，采购人员需要对材料的需求量有一个足够深入的了解，这样才能避免出现一些浪费现象。材料采购之后就要进行科学的管理，对于每种材料要选取它们最适当的保存方式，例如，一些铁质材料比较容易生锈，所以需要放在比较干燥的地方保管，这样才能保证在需要的时候，施工材料可以正常被使用。人是公路工程施工当中的主体部分，工程的操作、管理与组织都是由人来完成的。这也代表着工作人员的管理水平、组织能力以及专业技术能力等都是公路工程比较直接的影响因素。所以在工作开展当中，需要提升对施工工作人员职业素养的重视程度，同时要利用更加成熟的管理体制明确相关人员的责任，进而给整个工程在人员方面打下良好的基础。而对工作人员进行管理的时候，既要充分的激发每个施工人员的工作兴趣，对他们的施工状况也要严格的监督与管理，把握好每一个细节，让施工人员有一个良好的工作态度，这样才能保证工程质量。

（三）公路施工现场的管理要点分析

整个工程质量控制的核心部分就是对于施工现场的管理，它能够直接影响着整个公路工程的质量以及公路投入使用后的实际效果。所以就要对公路工程当中路基不均匀沉降、路面不平整等问题进行严格的检查，对其工艺进行严格的把控，以免后续出现这些容易发生的质量问题，进而对公路的使用造成影响。因此我们以一些质量通病为例，进行简要分析。针对路基的不均匀沉降,这一问题会致使路基失去稳定性,导致路体的内部发生开裂现象,这会对行车的安全以及人身安全造成非常大的影响。这一问题发生的原因通常是因为路基没能够被压实,因此,在对路基分层填筑和压实工作上就要加大管控力度,减少该问题的发生。而对于同样经常出现的桥头涵顶跳车现象的解决方案是在处理路基与桥涵接头的时候要尽可能地做到仔细,并对相关机械的操作进行规范,这样才能有效地保证桥梁的质量符合标准。而对于公路的平整度比较差这一现象,它会对公路的使用直接造成影响,所以在对混合料搅拌时均匀性等一些参数标准要拿捏到位并且进行严格控制,这样才能有效地保证整个路面良好的平整度。

公路工程是我们国家在交通方面最基础的设施,人们的生活与工作都是与它息息相关的,同时我们国家的社会经济发展也与它有着紧密的联系。所以如果想让公路工程能够稳步发展,首要的就是提升对公路施工技术管理的效果,也需要对目前存在的一些问题进行深入的分析,要准确的发现问题的根源所在。这样才能根据其原因给出最佳的解决方案,要敢于使用新型的施工材料与工艺,强化管理制度,这样才能让整个公路工程的管理工作有一个新的进步。

第三节 公路工程管理创新探析

在我国的城市交通中存在着一个很令人头疼的现象,那就是人车拥堵,解决好公路工程建设,就会很大程度缓解这种局面,还可以减轻居民的精神压力,并能稳定人们的基本生活。可是公路施工项目中有很多的问题,这就需要我们把这些问题控制在萌芽状态,千万不能等到事情发生了再去解决,那样,会花费很多的物力、人力和财力。此外还需要通过创新型管理措施来推动工程管理的发展,实现公路企业效益最大化,从而增强企业核心竞争力,实现可持续发展根本目标。

公路工程管理创新发展工作开展得好可以进一步提高公路工程的管理水平。公路工程管理工作的创新发展一般是补救目前管理工作存在的问题,提出解决问题的措施,以更好地推动公路工程工作的开展。在这个不断发现问题和解决问题的过程中,可以潜移默化中提高公路工程的管理水平,对于提高公路工程的管理质量都有重要的作用。

一、公路建设施工管理的必要性

(一)可增强交通运输的可靠性

公路是交通运输的一个基础性环节,公路工程的施工管理质量与交通运输的功能性有着密切的联系。保证施工管理质量的合格,才能够保证交通运输功能的可靠性;另一方面,只有建设工作符合标准,才能够保证交通运输功能的有效性。因此,在公路工程的施工建设中,要保证工程建设质量,才能够保证区域内经济运行的稳定性。

（二）改善大众的生活习惯

在现代化的社会中，由于越来越多的人选择驾车出行，因此，人们对公路工程的要求标准也相应提高。在实际的施工过程中，如果采用科学、合理的管理方式，就能够极大程度地降低施工对居民日常生活的影响程度，同时，能为居民提供高质量的公路，保证居民出行的安全性与便利性。因此，公路工程施工管理还会对我国居民的生活产生一定的积极影响。

（三）增强区域经济交流

不同地区之间都是依靠公路进行连接与联系的，因此，公路工程施工管理对区域经济交流也发挥着极为重要的作用。发达的交通系统会维护区域之间的联系，加强区域之间的经济联络，并促进不同地区之间的经济、文化交流。此外，公路工程施工管理还会提高公路建设的有序性与高效性。对于公路工程建设而言，最基础的就是建设施工的安全性与稳定性，只有保证施工质量，提高施工管理工作的有效性，才能最终保证建设施工的安全性与稳定性，促进交通运输的平稳运行与健康的可持续发展，才能进一步加强各个地区之间的联系与交流。

二、公路工程管理的现状

（一）管理理念落后

公路是人们日常出行中应用最广泛的交通基础工具，当前我国的公路工程全面发展，建设项目越来越多，而一些公路的施工企业往往只是注重施工的进度和经济效益，忽略了工程的管理，对于管理的创新意识也是非常低。而在公路工程的施工过程中，管理所占的地位是不能取代的。只有优秀的管理方式和方法才能提高工程的质量和安全以及进度等，而以往的一些传统观念已经不能满足当前的企业发展，因此，公路工程的管理理念创新势在必行。

（二）缺乏专业的管理人才

公路工程施工管理是一项非常复杂而且繁重的工作，因此，公路工程的管理人员必须要具备丰富的管理经验、充足的技术知识和操作能力等等，并且还要在工作的过程中不断的进行总结。而当前我国的公路工程管理人员主要是以刚毕业的大学生为主，这些人在进入到公路工程的管理中之后，虽然在工作态度和工作热情方面都比较优秀，但是对于当前的一些先进的施工技术和管理的经验以及处理紧急事故的能力方面还是有所欠缺的。另外，一些公路施工企业中的管理人员虽然有着非常丰富的经验，但是，缺乏一定的创新意识和能力，导致很多的管理方法已无能适应当今企业的快速发展，给企业的管理和进步造成了阻碍，也限制了企业经济效益的发展。

（三）管理水平低

目前我国的公路工程管理所体现出来的最大的问题就是管理观念的陈旧，一些施工企业的规模比较小，这些企业当中也没有完善的管理体系，再加上技术型人才的缺乏，就会造成整个公路工程管理的水平下降。因此，在公路工程的管理过程中，需要不断地对管理的观念进行更新。建立完整的管理体系，聘请高技术的人才进行管理，提高管理的效率，促进企业的长足发展。

三、实施公路工程管理创新措施

（一）公路工程管理需要理念创新

实现公路企业理念创新，一要管理者高度重视。在企业经营方向上，明确战略目标，不断更新思维、创新想法，在经费支持上要加大投入力度，及时改变传统的陈旧思想，引进先进管理人才、技术人才，同时还要在内部通过积极培育，做好人才资源的建设与培养，从而在企业内部形成一个人人创新的良好空间，全面提升创新意识、改变思维；二是树立长远目标。各级公路施工企业需要在企业战略上明确创新思路，把创新理念定位在企业长远发展战略高度看待，采取切实可行的措施，推动企业各方面工作内容的创新，要看到市场发展变化，积极应对时代潮流发展方向。

（二）公路工程管理需要组织创新

以往公路工程管理组织机构当中，实行的是项目制，项目经理部代表公司订立合同，合同实施完毕后则会马上解散，但是项目经理部事实上并非企业法人，不能在出现纠纷时承担责任，也就出现了责任不清的问题。项目经理可能随时支配人力、物力和财力，但公路企业却不能对项目经理形成一定监督和制约。还有一些公路企业与下属单位签订多项公路建设合同，整体组织管理相当混乱，无法形成统一合力，使管理达不到良好效果，只有合并撤销不合乎市场规律的单位部门、改变现有组织现状，问题得到彻底解决。公路企业可以根据项目要求，成立独立部门甚至分公司，对相关大项目进行独立管理与支配，使招标、投标、签订合同、公路建设等流程更加规范，进一步明晰责任的同时，也强化了权利监督与制约，使企业管理组织更加合理，提高公路工程管理效能。

（三）公路工程管理需要技术创新

技术创新不能是空谈，需要通过实际行动满足技术创新需要，一是，技术创新依靠的是人才建设，使企业技术人才能够发挥作用，不断强化复合型、技术型人才的培育，企业为技术人才提供良好的发展环境，确保技术人员能够在有效的时间内完成技术引领与创新，提升企业整体技术能力与实力，在同业中具备先进性、独特性。人才是企业的根本，更是技术创新的关键，要从组织结构上，保证技术人才比例，使企业充满活力与创造力。二是技术创新需要优化流程。公路建设流程非常重要，通过有效的流程能够确保进度与工期，流程控制是管理的一部分，通过过程管理，全面推动施工整体进度，创新技术则能够优化流程，在技术驱动下，满足质量与安全需要，实现企业效益最大化。三是技术创新需要完善机制。技术创新不是单独存在的，需要在一定机制带动下，才能满足技术创新需要，也就是说，在进行技术创新的同时还需要做好配套建设，使企业内部体制机制符合技术创造环境，为技术创新提供强大的支持和保障。四是技术创新需要完善管理。当前，随着科学技术发展，公路管理也已经实现了网络化、数字化，只有全面与现代网络技术融合，才能在公路管理工作中体现速度与效率。公路工程量大、复杂，每一项建设内容均会产生数目巨大的图纸、合同、记录等，要想对这些资料进行有效管理，则需要通过计算机网络技术才能完成，要不断的优化现代化信息管理能力，通过技术构建，形成专业的管理系统，有效管理技术文档，实现便捷的查阅、咨询、共享目标，通过现代化管理提升技术能力水平。

（四）公路工程进度管理方面的创新

公路工程建设中的项目规划是公路工程建设的重要组成部分，也是公路工程建设过程中的合理依据，每一项公路工程的建设都需要有一个科学、合理的项目规划，在公路工程的建设过程中，必须重视项目规划的制定。在制定公路工程建设的项目规划时，要从公路工程建设的整体出发，对公路工程建设系统中的每一项要素进行分析，预测出公路工程建设中可能会出现的问题，并进行合理的安排与优化，确保项目进度能够按计划顺利进行。在公路工程的建设过程中可能会出现很多的意外情况，所以在进行管理的过程中，要不断地调整公路工程管理方式，防止公路工程建设项目中断，保证公路工程建设的顺利进行。

（五）公路工程现场管理的创新

在整个公路工程建设的过程中，最重要的就是施工现场的管理，只有对施工现场进行良好的管理，才能够保证按照施工计划顺利进行公路施工。在对公路工程进行现场施工管理时，要按照相关规定展开各个项目的建设与实施，保证完成施工目标。要及时对施工过程中的各项工作进行评价与管理，认真总结相关的工作经验，杜绝问题的二次出现。

总之，公路工程管理的创新是公路工程建设顺利进行的重要保障，对于提高公路工程的建设质量与效率具有重要意义，在公路工程建设过程中，施工单位必须要重视管理模式的创新，提高公路工程建设的综合水平。

第四节　公路工程管理中现场管理

确保公路工程质量意义重大，在施工现场管理过程中，提高管理力度、落实各项管理制度和措施极为关键。虽然当前我国公路工程项目施工现场管理中仍存诸多问题，但是随着我国公路工程的发展及其对国民经济发展的重要性日益提高。很多企业逐步认识到加强施工现场管理的重要性，纷纷投入大量的人力和物力提高现场施工管理效率，以此为基础更好地确保公路工程项目的整体质量，为推动我国国民经济发展做出贡献。

随着我国经济的不断发展，道路建设工程越来越完善，截至目前为止我国每年公路数量还在不断增加，大到全国各个城市，小到山区乡村。而公路施工过程也是一项比较复杂的工程，对公路工程施工现场进行合理管理，有利于资源的合理分配、提高管理水准，保证施工现场各项工作顺利开展，从而不断提高公路建设水平。目前阶段我国公路施工管理仍然存在一定的问题，这就需要更多的相关工作人员利用高新技术去探索实现。

一、公路工程项目施工管理现状以及呈现出来的特点分析

①专业性不断增强。随着公路工程项目建设事业的快速发展，其建设规模正在不断扩大，而且工程建设投入的资金也越来越多，对工程施工现场管理工作提出的要求更高。为了确保公路工程施工质量及其建设效益的实现，现场管理工作正在朝着专业化方向发展，即对管理人员的素质和业务技能水平要求不断提高，而且不断进行着专业化和标准化建设，力争在公路工程施工过程中，一旦出现问题能够及时进行妥善地调整和解决，换言之就是公路施工现场管理工作的专业化水平不断提升。②表现出一定的动态性特点。公路施工过程是一个动态变化过程，现场环境条件也会随着进度变化而有所改变，为此加强全过程施工监管势在必行，而且也是一个动态化监管的过程。在此过程中，应当采取有效的手段和方法来确保各环节处于可控状态，这样才能有效的提高公路工程项目施工建设质量和效率。③系统性特点。对于公路工程项目而言，其本身系统非常的强，从目前国内交通运输行业发展情况来看，公路工程建设过程中的现场管理工作越来越复杂、越来越系统，工程施工建设需经过投资决策、项目设计以及工程招标与施工，才能最后竣工验收和投用。上述各环节之间相互联系，存在着密切的关联性，同时这也是对公路工程施工现场管理工作提出了更高的要求，即系统性管理。

二、公路施工现场管理中常见的问题

（一）材料质量难以控制

公路施工中，需要消耗大量的材料，而且其建造的范围较大，因此对材料的质量难以监管控制。对工程质量的监控一般都是对成品进行抽样检测，得到的数据不准确，对工程难以进行实时监控，其对材料的管理也是极其困难的。公路工程的施工需要大量的材料，在其采购、存储、调用方面也难以得到有效的管理，往往会造成大量的额外费用，增加工程的成本。

（二）施工安全问题

公路工程建设普遍在露天环境中进行，因此，环境会对施工造成一定的影响。例如，山体滑坡、泥石流等自然灾害就会对施工的顺利开展造成阻碍，若防护不当会造成严重的人身伤害。同时，现代公路工程施工基本上实现了机械化，施工人员在操作机械设备的过程中，若出现违规操作情况，也会引发安全事故。由此可见，公路工程施工现场的安全管理至关重要。但是在实际工程施工中，施工人员的安全意识淡薄，现场安全管理不到位的情况十分常见。一些企业为了控制成本，减少安全设备采购方面的资金投入，也为公路工程施工埋下了一定的安全隐患。

（三）施工质量管理问题

公路工程是市政工程的一部分，除了引发安全问题外，也极易产生施工质量的问题。公路工程施工现场的人员和设备不固定，对施工质量产生波动。同时，施工前的设计失误，施工现场操作不当，机械设备的非正常工作、施工材料的质量不过关等，都会影响工程质量。

三、完善公路工程施工现场管理的对策

（一）提高思想认识，加强现场管理力度

随着我国公路工程的发展，越来越多的施工企业也认识到施工现场管理的重要性。对于公路项目施工企业而言，首先要提高安全管理意识，不能只关注公路工程项目成本，同样也要认识到施工成本的形成与施工现场管理具有密切联系。作为施工企业而言，首先应当在企业内部制定施工现场的管理制度，安排专人负责施工现场的协调和管理，让工程项目的实施完全处于管理和监控之下。如在施工现场设置现场管理部门，配备安全管理、质量管理、技术管理、内业管理等人员，以更为健全的管理职能架构确保公路工程项目的顺利实施，为确保公路工程项目的整体质量提供保障，只有这样，才能使项目实施中产生的成本更加明确、可控。

（二）合理配备现场管理人员，提高现场管理效率

公路工程在施工现场管理的过程中，由于其受到自然地质条件的影响很大，因此，施工企业应当在提高思想认识的基础上，合理配备施工现场管理人员，配备经验丰富的技术负责人，同时也要在施工现场配备项目经理，负责现场的施工调度和管理。另外，施工企业也要在施工现场配备材料管理人员，负责进场材料的收存和安置，对进场材料进行质量验收和把控。

（三）紧抓细节管理

公路工程与其他工程项目而言同样具备质量连续性的特点，不仅工序之间的影响极大，而且在实施每道工序的过程中，决定质量的细节也非常多。①公路工程受到自然地质条件影响很大，施工企业应当在工程项目实施之前指派专职人员进行施工现场的实地考察和勘验，准确把握施工现场的实际情况，并做好相关的应急预案，制定合理的施工方案，同时结合施工设计图纸来安排施工顺序、材料进场计划、施工队伍的进出场时间等。②材料的重要性不言而喻，对于材料的细节管理关乎着成本、质量、进度等关键问题。因此，要在材料方面做好细节管理，例如，对于进出场的材料要做好台账，完善材料申领登记制度，避免材料的浪费。③做好细节化的动态管理工作，这一点对于进度和成本管理极为重要，成本的形成是一个动态的过程，而进度的控制同样也是如此，动态化的细节管理能够更加明确地分析工程实体的形成过程，能够让管理人员及时发现现场管理中的问题所在，以此来落实"反馈——落实——改进"的细节管理模式。

总而言之，公路工程项目施工现场管理工作内容非常的多，而且涉及面也非常的广泛，实践中应当加强思想重视，针对工况条件和施工技术质量要求等，建立完善的施工现场管理机制，通过机制的落实来实现工程项目施工现场管理之目的。

第五节　公路工程管理中的成本控制

成本控制通常是指企业在开展活动之前，预先制定出有关成本的一系列规则。其具体内容是在参考往年工程成本数据的基础上，结合实际情况为各项费用划出消耗上限，避免资源及资金不必要的浪费。一旦实际的费用与预算相差过大，会计人员要对其进行具体分析，及时调整支出，以维持企业的正常运营，确保生产能顺利进行。但是公路工程的成本控制与其有所差异，通常是指工程开展前，企业相关部门要预先估算人力、物力及其他相关费用的开支。施工期间，监督部门对其开支进行指导、审核，避免实际与预算差异过大。一旦出现偏差值过大，会计人员要与施工队进行积极沟通并及时提出解决措施。最终的目标是在工程顺利结束的前提下，竭力将生产成本控制在计划之内，进而谋取企业利润最大化。

一、公路工程施工管理中成本控制的内容

（一）直接成本

直接成本主要由实体支出构成，其内容包括人力、机械、材料等直接支出费用，控制工作主要由前期预案所决定。要想充分落实直接成本控制工作，就要根据施工工程量及成本测算，制定科学合理的资金管理方案，合理分配资金，确保各部门管理机制的有效运行。

（二）间接成本

间接成本，通常是指企业的管理支出。在开展工程活动时，项目部的各项日常开支以及相关部门的监督管理皆包括在内。因此，企业想减少间接成本的支出，首要工作就是要完善自身的内外管理规章制度，提高管理人员的业务水平和管控意识；其次对于成本控制对象需加强各方面的监管；最后企业要加强内外的协同工作，确保工程管理的正常进行。

二、公路工程施工管理中成本控制的具体方法

（一）以施工图预算对成本支出予以控制

对于项目部而言，坚持"量入为出"的原则有利于控制工程成本，即其人力、器械、材料的费用支出将严格遵循施工预算方案来进行。要想做好此项管理工作，首先企业员工要认识到成本管理的重要性，积极主动开展工作。其次降低施工材料费用。一方面项目材料员要积极关注材料市场的价格变化，收集准确、细致的价格表，以便价格波动过大时向业主申请材料费用调差来减少自身的经济损失。另一方面寻找长期稳定、值得信赖的供货商，通过与其合作来保证货源稳定，同时大量采购还能享受到部分优惠折扣。

1.EPC总承包模式下成本管理的控制方法

（1）设计阶段。在设计阶段，运用限额设计的办法，根据完成审批的投资估算以及

相关的设计任务书，对初步设计进行控制，而且还需要结合已经通过审批的初步设计总概算，对工程图纸进行相关设计。总的来说，限额设计就是要保证工程在竣工之后的结算金额在总投资的限额范围之内。目前在国内，为了分担风险，EPC项目大多采用联合体投标的方式，故施工企业在设计阶段就可以和设计人员积极沟通，根据合同总价承包或是单价承包等模式，选择对施工方有利的设计，此为"开源"。

（2）采购阶段。制定合理采购预算以及限价标准。在EPC项目采购工作中，预算人员既要结合通过审核的项目预算，也要参考当时市场稳定价格以及指导性的价位，对所要采购的物资进行分类核算，得出最终采购预算，人、机、材中的"材"在工程总投资中占比可达到60%以上，如果施工单位在此阶段深度介入，可能会为企业带来意想不到的资金优势，此也为"开源"。

（3）施工阶段。要进一步强化整个施工过程中的审计审查工作，以控制施工成本，例如强化审计管理中事前审计、事中审计、事后审计三个环节的工作。

2.PPP模式下成本管理的策略

（1）多途径成本控制。①材料计划管理。项目建设过程中，合同清单内的细项，尤其工程量清单是作为项目部编制材料需求计划的依据。因此，工程部应定期制作材料用量计划，如一周或者一个月制定一次，提前报给材料管控人员，购买储备以备用。需要注意的是，在制定材料用量计划时应结合项目剩余材料量和所需材料市场价格等数据，确保材料计划制定科学合理。②材料使用管理。施工过程中必须严格按计划领料，防止浪费，如发生超额用料，施工员必须有甲方和监理签发的施工变更单及变更部门的施工预算方可领用。

（2）细化事前的计划与预算。如果一个PPP项目过于复杂，那么项目涉及的方面就会增多，如市场、人员和时间等，并且随着施工的进行，部分因素会产生变化，例如，人员安排变化，针对这种情况需做好事前计划，以估算出施工的变量，降低成本消耗。通常进行事前预算时，需要估算总体成本下各个可控范围内的分成本，在各项分成本预算之后反复核对，并对稍有争议的责任、权利、利益等内容签下合同，使其按照合同办事，有条理无争议，使项目顺利完成。

（二）以强化质量、安全管理成本进行控制

质量成本通常由两部分组成，一是施工单位操作不规范导致的经济损失，二则是企业为保证工程质量而支出的相关费用。对于施工单位来说，质量控制与企业项目管理和经济效益息息相关。可以说，一旦公路工程的质量出现问题，企业不仅会面临相关部门的问责和大众的声讨，还可能会出现巨额的资金亏损。因此，企业在施工过程中要狠抓管理流程，保障工程质量。这就要求施工企业各部门要履行好自身的职责，避免工作出现纰漏。监理部门主要负责对工程的质量及进度进行监测，以保证工程的质量。而计划合同部门的主要职责是对工程施工成本进行控制，旨在谋求施工质量与利益并存之间的平衡点，其侧重点的不同也导致控制措施的差异，环保部门要监督以上部门做好管控工作。

（三）以施工预算对人力资源及物质资源消耗进行控制

在预算出来后，采购部门需依据预算进行物资采购，并与施工队签订劳务合同，同时预留部分资金以备不时之需。施工过程中，一旦日常支出与预算差异过大，管理部门应及时分析实际情况并做出资金调整方案，由部门经理签字盖章后告知施工队，以保障工程的顺利进行。对于人力资源管理支出方面，监管人员首先要了解工程的各个环节以及工作人员的能力特长，安排适当的任务，使其各司其职、人尽其用。相对应的物资消耗把控措施主要有以下两个方面：①物资进出环节需要进行相应监督，每一份任务单与领料单都要上级领导的签字才能通过，并且积极与施工队进行沟通联系；②工程期间，相关负责人需认真填写记录表。根据工作量的完成情况，将每个阶段的班数、采购、消耗的材料等进行汇总，上报至相关部门。一旦出现额外支出，会计部门需跟进，与供应商进行协调后调整相应物资需求，尽量减少额外支出。并且保管好发票、合同等纸质文件，以便后期报销，避免账目混乱现象，造成人力、物力资源的浪费。

（四）以强化施工现场管理对浪费问题进行控制

为了保障工程如期完成，必须要对施工现场的各个环节进行管理。①要保证施工现场的安全，以此避免不必要的事故出现，造成资金的浪费；②在现场交通方面，要对施工场地进行合理布置，以保证物资运输的正常进行，避免出现交通堵塞，影响施工进度，也避免二次运输的情况出现，既延误工期又造成人力物力资源的浪费；③严控施工时的工序管理，必须要按照技术交底施工，以保证工程质量，确保不因交叉施工造成窝工而提高施工成本、延长工期。

（五）落实动态成本管理

对公路工程施工管理进行动态控制，是其成本目标实现的重要途径。其动态控制活动主要从以下两方面来进行：一是施工项目计划成本责任制的落实，二是施工项目成本计划（或成本目标）情况的检查与协调。其中落实施工项目计划成本责任体制指的是建立高效能干的项目管理部门，并与各部门的职工、施工队伍和施工班组签订相应责任管理制度条款，使其各司其职，为实现企业的经济效益和利润最大化而共同努力。

施工项目成本计划情况的检查与协调的加强是为了目标成本计划的实现而采取的有效措施之一。在此过程中，项目管理部门要根据计划成本和实际成本绘制月度成本折线图，但是由于一定的局限性，通常会出现三种成本偏差：一是，实际偏差＝实际偏差-承包成本，二是，计划偏差＝承包成本-计划成本，三是，目标偏差＝实际成本-计划成本。企业应尽量减少目标偏差，从而实现成本控制的有效性。经过一系列的调节、控制与指导，并对最终成本进行预测和对项目经理部门前期的成本控制进行评估，最终纠正核查，制定合理的对策，为实现各项经济指标做好基础，最终实现公路工程施工管理中的成本控制。

项目的成本控制效果最终体现在每月一次的经济活动分析表和财务的收支表中，财务分析报告是一定时间内企业经营活动在财务上的综合反应，可从中了解企业的生产、经营、资金运用等情况，及时提供衡量和评价的依据。经济活动分析报告主要职能包括：评价过去的经营业绩、衡量目前的财务状况、预测未来的发展趋势和帮助企业做出经营决策。经济活动分析报告是金融企业根据会计报表、计划指标、会计核算、统计资料等数据材料，对经济、金融某一业务领域、某一经营单位的经济活动状况有重点、有针对性地逐一加以分析和考察，对金融企业的财务状况、理财过程和经营成果做出正确的评价，为报表使用者决策提供依据的一种书面报告。

公路工程施工能否落实管理制度受多重因素影响。从制定到最终的落实阶段，企业要结合具体情况，开展动态管理，只有这样才能适应项目要求，促进企业健康发展。

对于企业而言，管理分三步走。①根据企业自身的情况制定计划环节，项目经理部门结合工程要求，在收集外部市场价格信息和企业自身情况的基础上，制定出合理的成本测算，以此规划整个工程的计划成本，并制定应急解决方案。②责任机制的成立。监督部门要负责监管工程的实施情况，确保公路建设的顺利开展。③管理内容的贯彻落实。按照方案要求开展的管理控制活动，需相关人员对项目进行时时跟进，实现成本扁平化、精细化管理，最终达到公路工程施工管理中的成本控制标准。

成本管理不仅是"节流"更是"开源"，做好这项工作，既可以保证企业资金链的正常运行，也能提高资金的使用率，不断推动企业健康发展。在国家的高速发展中，公路运输占据着极其重要的份额，高速公路的建设遍地开花，随着城市化进程的加快，高铁以其更快捷的速度和逐渐壮大的交通网络也慢慢占据了一席之地，可以预见将来高铁将成为运输主力，如何运营好高铁这块蛋糕？将是接下来每个国企应该仔细思考的问题。

第六节 公路工程管理中的试验检测

公路项目检验作业的成效在公路项目整体质量方面发挥着很大的作用，所以，相关质量检验是不可或缺的部分。本节针对检验流程中出现次数较多的问题完成了研究，同时探索相关的解决方法，以期在相关建设过程中给出相应的解决技术。

一、项目监管作业中检验技术的利用

（一）让原始物资的利用率达到最好状态

检验技术的利用可确保原始物资被更好地利用，尽可能大地提升利用率，在物质的质量方面能得到充分的保障。这种技术可以科学地平定原始物质的质量，研究该物资能不能达到项目建设的要求，在项目建设中被更好地利用。在项目建设里利用的全部资都要完成检验作业，使物资更彻底地被利用。

（二）确保建筑安全

在民众的生活质量稳步提高的情况下，项目施工的安全方面有了更好的保证，被给予了足够的重视，检验技术直接作用于建筑的宏观建设成效，若是检验作业不到位，那么项

目的质量就达不到标准，在安全方面也得不到保证，会有更多的安全问题出现。

（三）在项目质量方面严格控制

进行项目建设管理时，检验技术的利用非常有效，可确保使用的物资能达到标准，进一步保证项目的质量，在检验技术里，效果最好的技术就在于研究物资有没有满足建设的要求，检查项目建设的所有操作过程是否达到了建设标准，同时更好地完成建设作业。尚未开始建设时，必须针对公路所承载的压力完成研究，检验时重在水分的含量以及密度上，保证车辆在公路上潜行时无危险状况，对车辆的安全作以保障。

二、试验检测在整个建设中的利用状况

（一）尚未具备科学的检验概念

公路项目检验工作者在目前状况下拥有的检验技术还未具有相应的科学性，公路项目检验工作者在进行作业时，因为受制于自身思维以及想法，项目样品的选择并不符合项目的要求，不能满足公路项目结构样本在典型性以及常规性方面的要求。如此一来，所选择的样本没有真实有效的意义，在整个公路项目的质量方面无法起到保证作用，另外存在一些相关操作者没有彻底了解项目要求，在进行检验时无合理的检验计划，没有足够高的参考效果，在公路项目质量的检验方面会发挥负面作用。

（二）检验作业的工具本身性能水平对项目质检方面产生影响

检验作业中利用的工具的性能是否达到标准，在整个公路项目质检过程中起决定作用，整个质检单位里存在个别单位进行质检工具的购置时，在价格方面大做文章，忽略了工具的性能，造成所采购的设备不符合项目规定的要求，特别是在稳定性以及精确程度上达不到规定要求。同时仍存在部分项目实验室，尤其是非常规项目工地实验室，往往会因为整个项目造价而减少在设备方面的要求，例如，在校正标定以及养护方面，各种养护工作对设备来说非常重要，如果达不到要求，就会在实际的检验过程中造成恶劣的影响，使结果的精确程度达不到标准。不仅如此，在完成检验作业过程中，尚且缺乏成熟的规定对项目质检方面完成管制作业，导致常规的养护和监管工具的作业不能达到相关标准，没有足够的管理工作者，在检验室常规的档案记载也不够完善，无法科学合理地使用检测工具，最终导致公路桥梁的检验工作在质量方面得不到保障，达不到标准。

（三）外部条件同样会对项目质检方面产生影响

公路项目检验作业的质量往往被外部条件左右，并且得不到工作者的重视，类似于空气中水分的含量、温度、阳光和噪音等一系列要素在公路项目质检的过程中造成相对应的影响，会导致工作者存在视觉问题，同时选择的样本自身也在上述要素的作用下发生相应的不同的变化。重点是温度噪音等要素，其还未被相关工作者给予足够的重视，在样品的保存方面也达不到标准，在公路项目检验的作业上造成不同程度的恶劣影响。

三、在公路项目监管中检验技术的强化

（一）在监管方面以及检验数据方面进行强化

检验工作者必须检验项目建设中所使用的物资，保证物资的质量以及搭配比重达到建设的规定和标准。在项目操作现场的实验室里，检验工作者必须在进行建设前完成好原始物质的质检作业，保证所用物质的质量达到相关标准，质检的技术主要是抽样调查，完成该项作业后把检验数据交予监管实验室，再经实验室的工作者完成抽检作业，把检测数据上交中心实验室。

检验工作者必须完成好常规的原始物质检验以及项目质检作业，进行建设时贯彻有关规定，确保公路的建设质量。完成独立的项目建设作业后，必须完成施工场地物质的查收作业，重在建设物资以及成品和半成品的质检作业。检验工作者必须完成检验报告的整理以及备案作业。检验结果是检验作业中的重要数据，保证精确程度同时完成相对应的处理。按照不一样的工程完成相关划分，保证数据完善，为以后的查证打好基础。

（二）科学分布检验工具以及工作者

检验技术在公路项目里的利用，必须要按照真实的建设状况，规划中心实验室，保证工具和工作人员可达到建设的标准，按照建设的程序，检验工作者必须完成及时的检验数据的整合，可第一时间了解项目的质量以及建设状况。然后必须对检验工作者完成科学的分布，经验工作者必须完成专门的技能教育，不仅如此，要选择教育后成绩突出的工作者，提高检验工作者的整体素质。在真实作业中，有关高层人员必须完成对检验工作者的统一培育，使所有人员可第一时间了解到先进的知识，提高自己的检验能力。此外，还要强化在工具方面的分布和计量。实验室里，检验工作者必须学习该工具的相关数据，保证在进行检验操作时能正确地利用，更精确地完成检验工作。

（三）形成成熟的公路项目监管的实验检测规定

在公路项目监管检验工作中，必须形成成熟的公路检验系统，由此确保该系统的作业可良好地进行。检验工作者必须知道公路项目的施工规模，同时在检验级别方面加以完善，确保项目质量；检验工作者必须按照检验系统中的有关要求，确保检验数据的精确程度，根据相关的规定以及标准完成作业。

形成了完善的质检系统后，必须构建详细的检验作业制度，给工作者的岗位监管以及数据整合夯实理论依据，作业的监管以及样品的检验和抽样检查作业中，金融工作者必须确保所做的工作切合实际，在检验工作中责任到人，确保检验技术能被利用，确保相关制度的贯彻实行。在施工的所有部分，检验工作者必须以质量为首要因素，同时将质量检验工作责任到人。

检验工作者必须做出细致的检验规定，在实际工作中严格依据规定进行作业。中心实验室必须针对各个建设路段的混凝土浇筑完成检验作业，确保质量和构造的精确程度，该流程必须完成样本的选择、样本的检验和检验结果信息的相关作业，必须在前一个流程达

到标准后方可完成下一个作业，在整体项目质量方面完成详细精准的检验。

综上所述，通过对公路项目监管中检验技术的研究，得出：检验作业于项目建设义重大，可确保项目的质量。在进行检验作业时，会产生数目庞大的数据，工作者必须完成科学的整合，在此基础上选择科学的技术，引导项目更好地建设，以防在安全方面出现问题，检验技术的利用可提升项目的进度，缩减项目的成本、提高项目的治疗，在公司的效益方面得意提升。

第七节　高速公路工程管理风险评价

随着我国社会经济的高速发展，交通在我国社会发展和经济快速发展的过程中发挥着越来越重要的作用。然而，在高速公路工程施工过程中容易出现各种各样的风险，引起这些风险的因素会对施工项目的一个或者多个环节造成难以补救的困难和障碍。由此看来，对交通公路工程中的风险管理十分重要。本节针对高速公路工程施工风险的概念，以及相关工程施工前和施工中可能存在的风险进行阐述，对如何应对施工风险中的问题进行分析，从而阐述相关的解决方案和措施，希望能为相关企事业单位和工作人员提供一些理论上的参考依据。

在高速公路工程的过程中，关于施工的风险管理是相关的项目管理人员对于整体项目负责方式的主要内容之一。要根据实际的情况，对于可能存在的风险进行评估，确定整个交通公路项目中会出现哪些风险？针对这些风险，应该采取哪些措施？从而提高项目整体施工的安全性和有效性，将整体项目所遇的风险率降到最低。甚至可以让项目过程中可能遇到的风险转变为机遇，从而使得工程建设的进度增快，减少风险带来的经济效益损失，降低整体项目的造价成本。

一、高速公路工程施工风险的概念

在高速公路工程施工中所遇到的风险主要包括两种具有代表性的风险因素，一种是因为自然灾害或者意外事故而出现了损失，另一种是因为实现工程项目中遇到的所有不稳定的因素。施工风险指的是施工过程中面临的风险，根据以上两种风险因素，可以判断出施工风险具有客观性、突发性以及不确定性等特点。关于自然灾害以及意外事故等风险因素造成的施工风险，是客观存在的，而且不能随着人类的意愿而产生变化和转移，并且没有前兆性和不明显性。不确定性主要是在时间、地点等方面会因为整体项目工程建设的周期长或者检测的范围广等，出现各种不确定的因素综合造成的。

对于施工风险，首先要对其进行风险的识别。在进行识别风险的管理步骤之后，对其中的风险要进行合适的分析和评估。评估的步骤应设置在施工之前。要对该风险在施工过程中可能出现的各种各样的后果做出科学合理的判断。其次，在发生和评估风险之后，需要对于该风险做出相对应的解决措施，对其做出重要的分析和判断。为了更好地使高速公路工程稳定持续发展和进行，要对不同的风险类型采用不同的风险措施给予解决，解决方法主要包括回避、控制、自留和转移四种。要根据风险评估所获得的反馈采取科学和恰当的风险对策，对相对应的风险科学合理地进行处理。

二、高速公路工程施工风险管理中的问题

高速公路工程在施工基础上存在难度大的特点。高速公路工程首先在施工之前要综合考虑地形、地貌等地理环境的因素，包括施工中的气候条件以及沿途周围等地区的施工环境。这些主要包括山体的走向、容易存在的自然灾害以及当地的生态保护和历史文物保护等原因，主要分为自然的因素以及生态文化的因素。针对这些风险，一方面要投入大量的资金给予支持，另一方面还要配以较高的技术水平支持，否则会影响施工的顺利进行。在高速公路工程的施工过程中，部分施工项目单位和承包商虽然已经认识到对于风险进行管理的重要性，但是对于风险管理仍然存在意识不足、管理水平低以及相关的风险评估体系不完善等各种各样的问题。主要包括以下方面：

（一）管理人员缺乏风险管理意识

我国部分承包商以及工程管理人员对风险管理的意识淡薄，不能在根本上给予相关工作人员风险管理意识的输入。对于施工之前的风险识别以及评估在意识上不重视，在公司内部没有形成完整的风险管理和评估体系，也没有设置专门的风险管理人员为整体项目的风险管理进行评估和分析。部分承包商对于工程风险存在侥幸心理，认为风险管理问题发生的可能性十分小，可以忽略。为了追逐更大的经济效益而忽视了风险管理，这样为正常施工的进行埋下了隐患。

（二）风险管理技术不完善

一些企业和承包商虽然具备完善的风险管理意识，但是因为缺乏风险管理的技术，使得在实际中对于施工的风险管理仍然存在着各种各样的问题。关于风险管理的理论，我国与西方发达国家比仍然存在很多的缺陷之处，没有根据自身情况而制定出相应的风险管理方案和计划书。我国部分施工企业对于风险管理的能力存在严重的不足，使得在施工之前难以实现风险的识别。

举例而言，一般的企业工作人员在对风险进行评估和管理的过程中，采用的原则是以保险为主。很少有管理人员对风险进行评估之后，搜集更多的资料去编写如何完善解决该风险的措施，并且在搜集资料的过程中，我国缺少关于该方面的资料，需要花费大量的时间和精力去寻找和搜索，而且得到的结果也会出现误差，对于实际的风险解决并没有很大的意义。

三、解决高速公路工程风险管理问题的措施

（一）管理风险识别流程的确定

确定高速公路工程风险管理的整体流程是十分有必要的，风险评测人员应当参考实际

项目，在系统流水线上进行优化改进，从而发挥风险控制作用。

1. 应当了解确定风险项目的管控对象，把工程牵涉到的复杂化问题进行简单化处理，核查检验获得风险的关键危害因素。

2. 全面处理信息数据，完善风险指标。其牵涉到的因素可能较多，可以采取维度降低方法，对需要的信息进行提炼，并且应当注重确保数据的完整性和正确性。

3. 基于现阶段已有资料和风险评估人员的专业素质，采取适合的评价手段，对高速公路工程项目的风险进行识别和归类。

4. 采取合适的措施规避风险或是降低风险给项目管理造成的损失，这也是进行风险评估的主要目的。

5. 整理编写风险评估报告留作参考，可以为今后相似的建筑项目风险评估提供经验。

（二）施工进度的管理

关于高速公路工程整体施工风险中遇到的问题，要采取的解决措施主要是合理管理施工进度。施工进度要确定工期，要对自然因素进行最大化的消除，也要规避社会因素的影响，做好施工进度的监管。在进度管理的过程中，要对高速公路工程的施工工期进行合理规划，不能为了最大化地节省开支而盲目加快施工的进度，否则容易出现质量上的问题。

（三）意外问题的防控

如何最大程度避免各种意外情况的发生？对于正常施工而言意义重大，对于我国社会问题的规避也十分重要，比如，涉及房屋拆迁的工作，一定要处理妥当，否则容易引发严重的社会问题。此外，要做好对于施工进度的监理工作，严格地对工期进行要求，要计划和安排好时间，制定出详细的计划表。要在发现工期落后的时候，做好修改计划的工作，要做到对人力、物力、财力等进行协调，保证项目按照详细的计划表正常顺利进行。

（四）施工成本的管理

施工过程中，为了有效实现技术经济和成本经济等目标，要对施工成本进行管理。要科学地对施工进度进行安排，对施工方案的技术经济比选做出详细的安排，确定最终的合理方案，要对正确的施工工期以及施工质量等做出重要的安排和设计，对市场的材料进行相应的询价，对相应的支出做出合理的安排以及记录。

（五）优化人员配置

对于风险管理，我国在大部分地方还没有实现设置专门的风险管理部门和风险管理人才召集的习惯。风险管理人才缺少，并且缺少具有经验性的风险管理人才，大部分都是新手。这样的结果容易造成相关承包商对于风险控制的能力不足，在风险到来之时，没有办法及时做出控制风险的措施，容易给承包商和企事业单位造成严重的经济损失。一些企业虽然设置管理部门，但对于风险管理却没有相应的技术和研究。

（六）施工安全的管理

在施工的过程中，容易造成各种各样的安全问题，施工安全的管理十分重要。要保证施工人员的人身安全，要对质量安全的检查体系做出重要的完善措施，要使得人员规范的按照图纸和规章制度进行施工，要对不符合质量的原材料进行相对应的处理。对各种成品和半成品的产品合格证等要进行详细的检查，做好工地的试验以及检测等工作，在专门受过训练和技术知识的人才的指导下进行操作。

（七）管理风险的处理措施

前期准备工作应当持续完善，此外，高速公路项目的风险管理还是需要落实在风险处理上，其风险问题主要通承包商、政府部门和保险商密切管理。处理风险问题首先便要对风险责任加以明确，挑选合适的风险处理措施。对于那些规律性较强、容易管控的风险项目，承包商通常会选用风险自留的处理方式，此类风险问题往往伴随着高收益；对于那些责任较大的风险项目，通常会使用风险转移措施，强化同保险商的沟通联系，将责任划分明确。风险降低对于任何项目而言，都需要各个部门一同参加的工作，风险降低包括完善工作计划、引用先进设备、降低建设期间的潜在问题、强化员工专业素养等。

高速公路工程项目对于我国的社会经济发展具有重要的作用，笔者针对施工风险的管理做出了相应的阐述。关于交通公路工程的现状，它具有周期长、投资大、施工难度大等特点，而且容易产生施工质量和施工成本增加等问题。在施工的过程中，对于项目风险的研究和管理具有十分重要的作用。为了实现这一目标，相关工作人员应该在实际的工作过程中总结归纳，为该领域的稳定持续发展做出重要的贡献。

第八节　基于 GIS 系统的公路工程管理平台

如今，我国公路路网日趋完善，工程建设重点正向经济欠发达的地区转移。在这种发展局势下，工程管理难度增大，以往的工程管理辅助系统表现出明显的滞后问题，无法适应发展基本需要。而 GIS 系统的出现及其在管理平台中的引入，有效地解决了信息滞后性问题，为实际的工程管理工作提供了一种先进的方法和工具。

一、平台设计

（一）设计目标

管理平台设计应充分考虑工程实际情况，结合工程管理基本流程与特征，将工程管理核心内容，即质量控制、进度控制和成本控制作为管理平台核心与最终目的。并根据现有管理系统存在的问题与不足，采用 GIS 系统具有的独特功能，将计量支付和资料管理等集于一体，并根据实际需要完成图形编制。

（二）总体结构

在综合考虑工程建设各项基本情况的基础上，遵循经济合理与技术可行的基本原则，选择 C/S 数据的访问及分发形式，利用 ADO 技术完成数据传输。各级用户由客户端与服务器进行连接，以此获取动态数据信息，再通过相关应用程序实现数据信息的实时输出。

平台安装 MapInfo 9.5 软件,该平台软件除了能完成空间信息处理,还能实现二次开发,各级用户均可根据自身要求,完成管理操作,实现预期的管理目标。

(三)主要功能

平台不仅能提供工程管理过程中必需的所有专业管理,还能提供 GIS 功能,主要体现在七个方面:

1. 视图子系统

借助以 GIS 为基础的可视化平台,生动且形象地对各种数据信息进行查询,包括计量数据、支付信息、计划信息、进度数据与变更数据等。其中,计量与支付数据信息的查询,可对工程实体及各标段的计量与支付数据信息进行快速查询;计划与进度数据信息的查询,可对工程实体及各标段的计划与进度数据信息进行快速查询;工程变更数据信息的查询,可对工程实体及各标段的工程变更数据信息进行快速查询;工程设计资料及相关数据信息的查询,可对工程实体及各标段的设计资料与相关数据信息进行快速查询。

2. 操作子系统

工程建设时,图形与属性数据都会伴随着工程进行而发生明显的变化,对此需要进行信息更新,如进度信息、质量信息与资金信息等。平台能根据进度情况补充或更新各类属性信息,客户端通过与数据库之间的连接,对数据库当中的相关图形数据进行调用,然后生成全新图元,平台再以进展情况为依据对图元进行编辑,包括删减、增加和改动等。根据坐标信息,利用符号或标注等形式,直接在电子地图当中生成全新图元,以此完成地图与数据库的同步更新。

3. 工具子系统

利用缩放工具、移动工具与鹰眼,对当前施工状态信息做快速且全面的了解。除此之外,这一子系统还能提供众多查询工具,如放大与缩小查询、确定范围查询、SQL 查询及缓冲区查询,能完成图形与属性之间的相互转换查询。

4. 进度管理

主要是接收与进度计划有关的数据,然后自动生成相关网络图,据此提供如期完工状况下,各项工作开工的最早和最迟时间,完工的最早和最迟时间及其时差大小。平台以管理者输入的数据为依据,通过检查对比确定滞后的分项工程,同时对不符合要求的计划实施动态调整,通过对工序及工艺方法的改动减少或增加资源,最后绘制出全新网络图,用于后续施工管理。

5. 计量支付

由工程量的计算与支付两个模块组成,其中,工程量的计算模块用于工程量准确计算与变更申请;支付模块主要包括中间计量支付与完工计量支付两部分,自动生成各类表单数据。用于台账建立,可大幅降低计量支付管理难度。

6. 合同管理

主要对项目合同进行登记与签署,对拨款通知书进行审批,计算已经完成支付的所有合同，并提供合同信息的浏览与查询功能。

7. 施工管理

由技术管理、质量管理、安全管理、变更管理与资料管理五个模块组成。其中，技术管理模块的作用在于对各施工阶段的技术、管理、测量、检测等数据资料进行录入，并提供查询和使用功能，还可以完成数据备份与自动恢复；质量管理模块由四个部分组成：项目部质量保证体系、验收记录、质量保证措施及质量问题处理记录等；安全管理模块由四个部分组成：项目部安全保证体系、组织机构、保障措施、检查与事故处理记录等；变更管理模块由三个部分组成：图纸会审现场记录、技术交底现场记录、合同记录与会议纪要等；资料管理模块负责对项目实施过程中产生的所有资料进行整理、统计、分类、保存与共享。

二、平台数据管理、数据库设计与整体实现

（一）平台数据管理

平台数据管理主要依靠两部分实现，分别为图形数据库与属性数据库。对于这两种不同形式的数据库，除了要对属性数据进行存储与管理，还要对图形数据进行存储与管理。

（二）数据库设计

1. 图形数据库

利用平台软件的图表数据结构完成存储，图层通过叠加合并到数据集，平台软件的地图就是最常见的结构表，它由记录与字段两部分组成，各不同的字段又由名称及数据类型等组成。另外，表中记录与图形中某个对象一一对应，即实现图表一致的目标，可完成同步处理。

2. 属性数据库

平台的属性数据由 SQL 进行存储，常用属性数据包括：项目业主、全体承包商、项目规模、路线布局等。

（三）平台实现

平台主界面采用可视化系统，网络操作系统采用 Windows Server，客户端操作系统采用 Windows。平台的基础数据主要为图形数据，其数据格式符合 MapInfo 平台软件，利用 SQL 关系数据库对属性数据进行管理和共享，空间数据则采用 MapX 系列进行管理。此外，平台系统的开发工具选择为 VB6.0。充分利用 GIS 系统具有的各项功能，能对工程建设及管理过程中涉及的各项信息进行可视化查询，包括计量支付、计划进度、形象进度、工程设计等，进而通过系统了解并掌握工程的实际情况，为下一步的管理决策制定提供可靠的参考依据，最终从根本上提高工程管理技术水平。

通过对 GIS 系统及先进的计算机技术的合理应用，开发出一套集实用性、可靠性、先进性、统一性与可扩展性为一体的公路工程管理平台。该平台借助 GIS 系统，除了能提供管理中所有必需功能，还能对相关数据信息进行查询检索与独特的图形处理。目前这一管理平台已在我国很多地区得以应用实践，成为实际工程管理工作中必不可少的工具，有效地促进了工程管理向标准化、科学化与自动化等方向的发展迈进，其应用效果与实践经验可为其他地区公路工程建设与管理对这套管理平台的引入提供参考借鉴，同时也能根据现实需要，有针对性地对平台进行改进、开发。

第九节　公路工程管理过程中存在的经济风险

基础设施建设的日趋完善，为我国公路工程建设事业的发展注入了新的活力。随着越来越多先进施工技术在公路工程建设中的推广和应用，不但为人们的出行提供了便利，而且对于国民经济的发展也有着极大的推动作用。因为当前我国公路工程建设过程中，依然存在着诸多影响公路工程建设质量与安全性的问题，所以，加强此类问题研究的工作，对于我国公路工程建设事业的发展有着至关重要的作用。

一、风险的概念

风险管理就是在准确识别评估的基础上，采取的控制和管理风险因素的方法，从而达到及时的发现和处理风险发生后造成的不良后果的目的。由于风险是影响未来目标顺利实现的一种不确定性因素，所以公路工程施工企业在开展风险识别管理工作时，不仅要做好风险源的识别工作，严格地按照风险表现特征，判断风险发生后可能造成的后果，在确定风险发生概率的情况下，分析工程项目承受风险的水平和能力，以便于施工企业采取积极有效的措施，应对公路工程项目建设过程中可能发生的风险。另外，公路工程施工企业必须在风险事件发生前，采取切实可行的措施，减少风险发生的可能性，同时制定相应的风景南回归线补救措施，降低风险发生后可能造成的损失和影响。

二、公路工程管理的原则

（一）以人为本

公路工程的建设和发展，为人们的出行提供了诸多便利，所以相关部门在开展公路工程的管理工作时，必须严格地遵循以人为本的原则。

1.根据公路工程建设制度的标准，规范施工人员的施工行为，确保公路工程管理工作的高效开展。

2.在保证公路工程建设符合相关流程要求的前提下，加强公路工程整体施工质量的管理与控制工作，确保工程整体施工质量。

（二）预防为主

公路工程建设不仅是一项复杂程度高的综合性工程，而且其涉及的内容也相对较多。因此，施工企业在公路工程建设过程中，必须严格地按照预防为主的原则开展公路工程的建设。首先，根据公路工程建设的特点和要求，建立完善的工程建设安全管理制度，同时将安全管理制度融入工程建设的全过程中，确保公路工程施工各个环节的顺利进行。其次，将公路工程安全管理制度落实到工程施工的各个环节中，避免因为其中某一个环节出现疏漏而影响到公路工程的整体施工质量。

（三）质量第一

公路工程施工质量的高低事关人们的生命财产安全。因此，施工企业在公路工程建设过程中，应该严格的遵循工程施工质量第一的原则开展公路工程的建设。此外，因为公路工程施工质量也是影响施工企业经济效益的关键因素。因此，施工企业必须在公路工程建设过程中，做好工程施工质量的管理与控制工作，才能达到提高公路工程建设质量与安全性有效提升的目的。

三、公路工程管理过程中存在的经济风险

（一）招投标阶段的经济风险

目前，我国公路工程项目在招投标阶段存在的经济风险主要集中在以下几方面：

首先，施工图纸无法满足工程量清单提出的要求。为了确保公路工程建设能够顺利进行，建设单位从公路工程进入设计阶段后就参与到了投标工作中，这一现象也是造成施工图纸无法满足工程量清单要求的关键原因之一。由于建设单位设计的图纸中涉及的内容相对较少，最终出现了工程量清单与图纸之间差异过大的现象，如果建设企业在签订工程施工合同时，未能在合同中增加相应附加条款的话，那么必然会因为工程建设风险转嫁至施工企业，而影响到公路工程建设的顺利进行。

其次，工程量计量方式无法满足工程量清单的要求。建筑单位在参与公路工程项目的招标时，由于无法明确计量规格，而只能依靠企业自身的施工习惯和经验施工，所以出现了计量规格无法满足工程量清单的现象。

（二）施工阶段的经济风险

公路工程项目施工阶段出现的经济风险主要有以下几方面：

1. 施工方案的选择实施。由于公路工程施工环境等因素是影响施工企业选择和确定工程施工方案的重要因素之一。所以，施工企业必须在公路工程施工开始前，深入施工现场进行实地勘察，然后根据勘察数据制定科学合理的施工方案，才能有效降低施工风险的发生。

2. 施工工期。公路工程施工中出现的安全事故、施工工期延长等问题都会导致企业面临巨大的经济风险。

3. 劳务分包。施工人员自身综合素质、安全意识的高低是决定公路工程项目建设能否高效顺利完成的主要因素。但是由于很多施工企业的施工人员都存在着安全意识薄弱、综合素质偏低等各方面的问题，所以不仅增加了公路工程项目建设中安全隐患和施工质量问题发生的概率，同时也导致企业不得不面临巨大的经济风险。

（三）保修阶段的经济风险

对于保修阶段的经济风险在整个工程中意义重大，例如，施工单位拒修和发现了质量问题而不能及时反馈，由于施工单位拒修导致的中断或者业主投诉，对于开发商而言影响较大，因此需要加以防范，制定相应的措施，保证和施工方沟通的顺畅性，如果施工单位有可能拒修时，请第三方维修的准备工作；采取控制工程款和保留金的支付手段，牵制施工单位；一旦不能及时维修时，及时向业主合理解释，令业主能理解接受。关于发现了质量问题不能及时反馈的情况。

四、公路工程管理过程中经济风险的优化措施

（一）充分发挥工程合同的作用

建设单位必须在施工企业中标后，及时的与施工企业协商并签订公路工程的施工合同，并按照要求完成施工企业报价的审核工作，为后续公路工程建设做好准备。在签订公路工程施工合同时，应该在合同中明确规定双方的权利和义务，以便于及时的发现和解决公路工程施工过程中出现的各种问题，避免对双方造成不必要的经济损失。建设单位在于施工企业签订公路工程施工合同时，应该按照相互平等、互相尊重的原则，共同协商公路工程施工合同的内容和相关条款，一旦合同内容和条款确定后，任何一方不得在未经对方同意的情况下，私自决定或者更改合同条款中的内容。另外，施工企业在公路工程项目建设过程中，必须充分重视自身权益维护的重要性，一旦出现了建设单位侵害企业合法权益的事件，施工企业应该在第一时间按照施工合同规定的条款和内容向对方提出索赔。

（二）加强对公路工程施工质量的监控

1. 公路工程施工全过程管理力度的加强。由于公路工程各个施工环节之间都存在着密不可分的联系，如果任何一个环节出现问题的话，都会造成非常严重的后果和影响。所以，施工企业必须建立完善的公路工程监督管理制度，同时安排专职监督管理人员，监督管理公路工程施工的全过程，确保工程施工的规范性与科学性。

2. 加大施工材料控制的力度。首先，详细公路工程施工材料的来源、质量，避免因为施工材料质量问题影响公路工程的建设施工。其次，做好施工材料质量的控制工作，定期的抽查进入施工现场的原材料，禁止不符合质量要求的材料进入施工现场。

（三）加强施工安全管理

公路工程中，安全是施工的生命线，只有保证施工工人的安全才能保证工程的顺利进行。一般而言，对于安全管理不管是管理人员还是施工人员，都应当具备高度的施工意识，在具体的操作中，应当严格遵守施工规范要求，制定有效的检查制度并落实到实处，保证公路工程的顺利进行，施工人员方面的经济风险得到最大限度的降低。

总而言之，公路工程建设行业作为我国国民经济发展的支柱性产业，其在社会经济的长期可持续发展中发挥着不可替代的作用。所以，相关部门必须加大公路工程建设质量和经济管理工作的力度，深刻地认识到经济管理工作对于公路工程建设事业发展的重要性，

采取积极有效的措施规避公路工程建设中可能发生的经济风险，才能促进公路工程建设企业经济与社会效益的稳步提高。

第十节　公路工程管理中质量与进度的合理管控

本节以公路工程质量管理的重要性为切入点，简要分析了公路工程管理中质量与进度管控的不合理之处，在结合我国现状和道路工程作业经验基础上，提出公路工程质量与进度管控建议。

社会经济的加速发展，尤其是在现代物流业规模不断扩大之后，经济发展对交通运输业的依赖程度大大提高。虽然铁路运输、航空运输承载了一部分交通运输压力，但公路运输仍是规模最大的、最常用的内陆交通方式。因此，为稳定交通运输秩序、稳固国民经济发展态势、改善社会资源的再分配，需要确保公路交通基础设施的质量，这就要求我们务必做好公路工程质量与进度管控相关工作。

一、公路工程质量管理的重要性

公路运输是我国规模最大的交通运输类型，其承担了绝大部分内陆运输压力。但是公路运输的实现需要以一定的设施为基础，即道路工程。自改革开放至今，我国基础设施建设已进入加速发展时代，我国公路建设也得到了长足的发展，我国用改革开放后三十年完成了西方发达国家几百年的建设历程。在我国公路建设事业一片大好的形势下，我国公路工程质量安全事故的报道也频频发生，越来越多的人开始关注公路交通安全，而公路交通安全本质上就是公路工程质量问题。

公路工程质量漏洞和隐患是公路交通安全事故发生的根本原因，很多施工或管理单位未充分重视公路工程质量管理的重要性。在工程施工过程中质量管理意识薄弱，缺乏完整的质量管理体系，导致公路工程质量管理失控，最终成为公路运输安全事故发生的风险因素，因此，确保公路工程质量管理工作的落实，就是保证公路交通安全。

此外，公路工程建设成本较高，一旦发现质量问题再进行返工或重工，将再次投入大量的人力资源和物力资源，这是对社会资源的浪费，会加重我国社会资源再分配的不均衡性，严重时还可影响我国经济运行态势、对国民经济又好又快发展产生不利影响。

综合来说，无论是出于人民财产安全、生命安全考虑还是从国民经济又好又快发展考虑，都需要加强公路工程质量管控工作力度，确保公路工程质量符合标准。

二、公路工程质量与进度管控中存在的问题

（一）工期与质量的矛盾

国民经济的发展对公路交通具有较强的依赖性，因此很多施工单位在面对效率和质量

问题时过分重视效率而轻视质量，主要表现为未妥善处理工期和质量的矛盾。公路工程建设中，工期的延长意味着更高的人力成本和更大的社会影响，为了施工成本，施工单位往往采取节约时间、缩短工期的施工进度管理思路。如计划二十天修筑完成的公路工程，可能仅消耗十五天，甚至更短时间就修筑完成。在过分追求效率的过程中，难免会出现质量管理上的漏洞，导致公路工程质量问题的发生。

（二）工艺与成本的矛盾

不同地区、不同荷载量、不同用途的公路工程在施工工艺上有所差别，主要表现为施工技术、施工材料上的差异，但是不同的施工工艺的施工成本不同。很多施工单位为控制施工成本，在公路工程建设中采用不合理的工艺进行施工，如路基填充材料不合理、未完全遵循工艺规范进行施工等。

施工工艺直接对公路工程质量产生影响，不合理的施工工艺会导致工程质量问题。轻微的质量问题不会造成严重的安全事故，但可降低公路的使用年限和荷载能力，不利于交通运输秩序的稳定，而严重的质量问题可直接引起重大公路运输安全事故，如桥梁塔防、路面塌陷等，严重威胁国民人身安全和财产安全。

（三）管理能力不足

管理者的能力会对公路工程进度和质量管控工作产生影响，管理者能力不足以限制工程进度与质量管控的贯彻与落实。同时在实际的工程作业中，有很多管理人员缺乏相应的管理精神，玩忽职守或未完全尽到管理责任，甚至在某些地区还存在贪污受贿行为，将豆腐渣工程认定为合格工程并验收。这种只重视个人眼前利益的行为，也是导致公路工程质量管控不到位的重要原因。

三、公路工程管理中质量与进度的合理管控建议

（一）优化组织结构

在公路工程建设中，需要对各个施工单位、管理部门、监督部门的职责进行明确划分，优化工程质量与进度管控的组织结构，将质量管控工作量化、细化并分配到各个部门，同时配合内部监督、外部监督、社会监督等多样化的监督形式确保各部门各司其职。各部门履行自身职责、落实自身工作，进而从整体上推动公路工程进度与质量管控目标的落实和实现。

（二）妥善处理工期和质量矛盾

在公路工程的具体施工过程中，要妥善处理好工期和质量的矛盾，要做到工期和质量的兼顾。施工单位和管理部门要将工期管理和质量管理相结合，在保证质量的基础上妥善处理工期问题，以实际项目建设需求为基础；以工程建设标准为依据，通过优化工艺、完善管理的方式来促进工期的缩短，而不是以降低质量管控的方式来缩短工期。因此在实际的公路工程管理中，要做到工期管理与质量管控的动态平衡。

（三）做好工艺的选择

在公路工程建设过程中，要根据地面情况、工程实况、气候特点、地质特征等诸多因素进行工艺选择，确保工艺选择的合理性。同时采取科学的工艺管理模式，将施工规范与工艺选择相结合，必要时将公路整体工程进行分段处理，对不同路段进行实地考察后，结合工程师、施工经验、工程建设的一般理论对施工工艺进行甄选后再进行施工，完善各个阶段施工工艺选择，进而通过工艺选择的优化来提高项目工程质量。

（四）完善验收环节

验收环节是公路工程进度与质量管控的最终阶段，也是最后的检查阶段。在验收过程中，管理者不能仅仅依靠汇报和数据就对工程质量作出判断，应当进行实地考察，将工程建设的实际情况与规划方案进行一一比对、一一验收，必要时可采取半封闭试运行的方法对项目工程质量进行检验，确保公路工程正式投入使用时无任何质量问题。

第五章　公路工程施工项目管理

第一节　公路工程施工项目的精细化管理

管理水平是企业提高核心竞争力的关键，它对企业提高生产效率与经济效益、构建企业员工激励与管理机制，具有非常重要的指导意义。精细化管理在各行各业得到广泛应用，公路施工企业也不例外，公路工程施工周期长、工程量大，施工现场粗放式管理已然落伍，公路建设企业从细节着眼，实施精细化管理，构建科学合理的施工项目管理体系，为公路工程项目的顺利完成提供保障机制。

对公路工程施工项目进行精细化管理，就是利用一些先进的技术和手段对整个公路工程的施工项目进行系统化、规范化以及完善化的管理，精细化管理是介于常规管理理念与管理技术之间的一种管理体系。精细化管理和其他管理有所不同，精细化管理能够保证工程的每个环节都是在精细化管理下进行的，有力地推动了整个管理系统快速高效的运行。公路工程施工项目引用精细化管理模式，不仅可以解决目前公路工程管理当中存在的各种问题，而且还能够促进公路工程施工项目向着多方面健康有序的发展。在公路工程施工当中应用精细化管理对整个施工项目来讲能够起到以下几方面的作用：第一，精细化管理能够起到把公路工程当中的安全隐患降至最低的作用，通过精细化管理的应用提前做好预防工作、监督工作以及工程完工后的检查工作，对这三个环节的进行采取有效的控制使其能够相互协调与配合。第二，精细化管理的应用不仅有助于工程建设对于施工进度的控制与管理，而且还能保证公路工程的在施工当中的效率和质量，精细化管理这种高效节约的特点极大地推动了公路工程建设的进步与发展。第三，精细化管理不仅能够合理的对资源进行配置而且还能够使资源最大化的发挥作用。

一、公路工程施工项目的精细化管理

工程项目实施精细化管理，就是通过建立科学合理的项目管理机制，有效的控制工程进度和资金的使用，提升项目的整体执行力和实施质量，提高企业的运营管理能力和效益。实施、推动工程项目精细化管理，主要包括以下方面的工作：

（一）进度控制

为了保证工程如期竣工，必须做好施工计划，控制好计划实施的执行进度，在进度控

制方面应用精细化管理，具体包括以下四点：首先，分解项目，即有效分解项目，将工期时间控制好，确保工程顺利展开；其次，责任落实，即将分解的工作分至各个部门甚至班组，并实施责任制，以及制定工程目标，然后依施工方案的不同，采取对应的管控与交接；然后，明确计划、控制进度。根据公路工程施工项目的特点，有效划分阶段，并明确各阶段的施工计划，对施工进度加以控制；最后，细化进度并及时纠正偏差。结合施工进度与实物工程量等，细致地划分施工时间，若发现偏差，应及时纠正，确保计划如期进行。

（二）成本管理

成本管理是精细化管理的一项重要内容，在公路工程施工时应从设备、材料以及人员等入手，对成本加以控制，具体表现为三点：首先，设备在公路工程占据重要地位，或购买、或租赁，均需对成本进行有效控制，将所需设备的单价与数量编入预算中，同时，还应加强协调工作，做好调度，并确保设备的完好，以此来提高设备的使用率与工作效率；然后，对施工所需材料进行严格控制，采购材料时，应充分考虑材料的质量。

（三）施工质量

对于公路工程施工的精细化管理中，其中对质量的精细化管理也是很重要的。首先，保证施工材料的质量。对于施工材料的把控应该从审批、选材、采购等一系列准备工作流程开始，根据市场材料的相关参考数据，筛选出质量合格和信誉良好的供应商。其次，严格验收施工过程中的状况，迅速进行状况的处理。在实际的施工过程中，需要根据专业的施工设计方案作为处理问题的指导，加大对施工过程和施工质量的监督，结合以往的施工经验进行后期问题的处理，提高施工的执行力。最后，提高质量监督强度。应该对于施工前预防、施工时监督、施工后监测的监管模式进行推行，在施工前进行施工资格的判定，在施工过程中进行工程数据的验算和相关汇报，并对施工规范度进行监察，逐渐深入，最终建立一套健全的质量精细化管理体系。

（四）安全问题

安全问题与施工质量密不可分，若发生安全事故，则不仅会对施工质量产生影响，而且还会对施工的进度与成本带来一定的影响，因此，企业必须重视安全问题，加强精细化管理。首先，构建健全的安全管理体系，并制定规章制度，以此使施工的安全性得到保障，降低安全事故的发生率，确保施工秩序有效展开。与此同时，将制度与奖惩制度相结合，并贯彻落实到每个环节，此外，还应该制定应急预案，及时应对安全事故，尽可能降低损失；然后，制定健全的管理制度，即落实领导责任制，从实处出发，将安全生产贯彻到个人责任制；最后，施工人员需严格按照规章制度与相关规定展开施工，与此同时，还应安排专门管理人员定期检查，及时发现安全隐患，并及时解决。

（五）验收精细化

对于公路工程施工而言，验收环节也是重要的环节。工程建设主体工作完工后，就是工程验收阶段。其对验收的精细化的原则是对未合格产品重点检查，重点分析出现未合格产品的原因，随后进行回溯式再监测工程质量。在实际的验收环节，验收员工必须对工程进行分段分步的抽样复检。

公路工程施工项目是非常复杂的,涉及方方面面,而且受到外界各种因素的影响,所以要想顺利地完成公路工程,就必须对公路工程的施工项目进行精细化管理。进行精细化管理,必须要从实际出发,使管理落到实处,循序渐进地将管理目标做到专业化、具体化和现代化,从而使施工项目管理更加科学化、全面化,减少安全隐患、缩减施工成本。

第二节 公路工程施工质量控制及管理

一、公路工程施工质量控制原则

施工中应按《公路工程质量检验评定标准》的规定要求严格检查,取得真实的检测数据,用数据来证实质量的好坏,并根据获得的数据对其进行分析,以改进质量。在检查中,必须按相关规定做好记录。

二、公路工程施工质量控制及管理的现状

施工人员的整体素质不高。我国项目工程施工人员主要是劳动型人才,不能以科学技术和专业知识来进行工程项目的施工作业。在整个项目工程中,人是施工主体,贯穿施工过程的始终。为了确保施工的规范性和严格性,施工人员应该在掌握过硬的专业技能同时,加强团队协作。其次项目管理人员的素质,管理人员是整个工程项目的主导者,应该具有战略意识,带领整个团队多快好省的推进工程项目建设。

公路工程中的各项指标不能满足国家和行业的质量标准。材料是施工的前提和基础,如果材料都不能够满足标准的话,那么后续一系列的质量管理都是无用的,工程质量都是没有办法得到保障和控制的。在我们时间的施工过程中,各种不合格甚至是假冒伪劣的材料不断出现,不仅对整个工程项目的质量产生了不良的影响,造成经济损失。如果更严重的话甚至会对公民的生命财产安全造成十分恶劣的危害。施工设备尤其是大型机械也要满足行业制定的标准,要确保器械能不能发挥其应有的功能,操作人员是否按照规定正确操作等一系列因素都会直接影响到工程项目施工的质量。

施工管理制度不完善。在公路项目工程施工过程中,没有建立完善的权责利制度,一般情况下,工程项目的管理者拥有较大的权力,却没有明确他所应该承担的责任。基于这种情况明确每个人的权力和职责,不能是只赋予权力而不明确责任,这样不但能够调动各个部门工作人员的积极性,还能够增强他们的责任意识,对他们的工作行为进行制约和规范,更好地提高工程项目质量。其次,在施工的过程中也存在着严重的质量问题,比如,施工单位一味地追求经济效益,偷工减料、以次充好严重地影响了工程项目的质量,这方面也缺少有效的监督管理机制。由于管理制度的缺乏,在工程项目中遇到的问题不能得到很好的解决,很多施工单位面对问题十分机械化,也没有真正意义上的落实奖惩制度,不

能形成合理的激励机制，难以对工程项目质量管理产生积极作用。

三、提高公路施工质量控制及管理的对策

抓好公路工程项目的设计工作，严格把控工程项目设计的质量关。首先要对工程项目进行详细的了解，分析实施项目的可能性和风险性，根据实际情况，综合各方面的因素做出合理的设计方案。好的设计方案不仅能够保证工程项目建设的顺利开展，还能够减少施工过程中的失误，同时设计方案还直接影响着工程建设的与其投入。因此，监督部门要提高工作能力，把好项目设计的质量关。

加强公路项目施工人员的职业素质培养，人是施工管理中质量控制的关键因素，所以要加强施工人员的职业素质。首先，对于项目工作者来说，要有责任心和质量意识，另外施工人员还应该有专业的知识，这就要求施工单位要加强技术培训，注重技术指导，进行岗位培训，加强团队协作意识。对于项目的领导者来说，要加强战略意识和战略眼光的培养，能够站在全局的角度来引导整个工程的进度，提高项目施工水平，从根本上促进工程项目施工质量的提高。

加强公路工程设备的管理。工程设备主要包括工程项目施工材料和施工所用的机械设备。要对这些工程设备进行妥善的保存，避免因为不正当的存放方式造成的经济损失。对于施工材料的保存要从运输阶段就开始注意，在运输过程中要防止倾撒造成的浪费，运输到施工现场之后，因为施工的现场条件一般都比较简陋，所以要防止材料淋湿或者受潮，保证施工材料的质量。对于机械设备的保存则相对简单一点，要定期进行维护和检测，保证设备能在施工过程中正常运转，也可以提高设备的工作效率。

同时，要提前做好工程项目质量的检测工作，加强工程项目各个方面的管理工作。在施工开始前相关部门要好开施工研讨会议，进行任务分配和管理，积极落实"三检"，加强质量监督意识，提高工程项目质量。

优化管理模式。对工程项目进行质量管理的前提就是建立健全严格的管理制度和管理体系。在项目工程施工的过程中，要建立起合理的质量目标，在不同的阶段制定不同的质量目标，把整个工程项目的质量来量化处理，从而促进整个项目工程质量的提高。最后，要根据实际的施工情况制定相应的管理目标，工程质量管理不应该只是做肤浅的表面工作，避免空洞的理论，把管理工作落到实处。另外针对片面追求经济利益的现象，相关部门应该建立起完善的监督机制，严把工程项目质量关，也应该加强对施工单位社会意识的宣传，让施工单位充分认识到他们所承担的社会责任，不仅要对自己企业的声誉负责，更应该对社会、对公民的生命财产安全负责。杜绝潜在的工程安全隐患。

加强重点环节的管理。对工程项目的重点部位，要进行重点管理，这是由项目工程的使特点所决定的。因为这些重点部位质量的好坏直接影响到整个工程项目质量的高低。如果这些重点部位出现质量问题，甚至会导致整个工程项目的坍塌。对这些重点部位要专人进行专门的特殊管理。这里所说的重点部位是指工程的受力部位或者是容易受损伤的部位，对于这些部位，关于一些临界项目，施工人员要对技术检测人员进行交接检验，我们要严

格按照行业制定的标准进行验收，及时发现问题，避免将隐患带到下一个程序中。

综上所述，通过我们对公路工程项目施工质量管理的现状及其控制原则的分析，我们应该清楚地认识到，工程项目的质量不仅关系到施工单位的经济效益，更重要的是还涉及广大公民的生命财产安全，任何企业和个人都应该充分重视工程项目的质量。这样才能够在激烈的市场竞争中立于不败之地，向国家、社会、人民交付出合格的工程项目。

第三节　交通工程施工管理与质量控制

在城市化进程的快速发展中，交通工程的相关建设工作一定确保好质量，这样才能更好地为社会发展进行服务。因此，在交通工程施工的过程中，对于质量管理工作一定更要给予高度的重视，将质量管理的强度进行提升，保障工程的施工质量。这便需要交通工程施工单位，要具有高强度的责任心，做好统筹发展工作以及施工总结，以便找出其中的问题，及时进行解决，探寻更加理想的管理方式。

对于交通工程的开展，为一项综合性非常强的过程，只有对施工过程当中的每一项活动都给予严格的管理，才能顺利促进工程的建设，保障施工的有序实施，这也为交通工程的建设提供了强有力的基础。此外，实施良好的质量控制，做好施工的管理工作，有益于最大程度的保障施工的结果。利用对施工管理措施的制定和完善，可严格监管材料、施工工序等，防止豆腐渣工程的出现。

在施工企业当中，只有充分注重交通工程当中的管理工作，才能将管理能力进行提升，并提升交通工程施工的水平，有益于企业核心竞争力的提升。在对交通工程进行建设的过程中，由于存在较强的复杂性，在施工中一定要掌握工程的发展规律等，进行相关的施工工作。所以，企业在对自身的管理水平进行探索和提升的过程中，要对管理经验进行积累，这样长时间之后，企业会将自身的管理水平进行全面的提升。

对于施工设计方案，对交通质量会产生直接的影响作用。如果建设单位对评估阶段、可行性分析报告等设计方案存在不合理的情况，会对整个施工的质量造成严重的影响。

在实际施工的过程中，检测以及评估等工作作为重要的工作内容。在检查的过程中，很多评估部分只注重对表面的情况进行查看，对于其中比较隐蔽工程却存在较大的疏忽，会为之后的工程施工埋下安全隐患，降低工程的质量。

在交通工程当中，有些工作人员的文化水平并不是很高，加之在施工之前没有经过系统的岗位培训，极易发生一些施工错误，影响了施工的质量。

在交通工程施工之前，要做好相应的准备工作，这是提升施工质量的基础。在前期，建设方要对施工当中应用材料进行详细的检查。通常来说，需要对以下四个方面进行检验和审核：①针对交通工程施工过程中所有环节的勘察设计，要进行详细的检验和审核，绕开和排除不好的地质环境，保证工程开工之后的正常实施；②要严格审核施工方的资质，对其资金实力、技术和经验等经进行评估，这也是保障施工质量的基础性工作；③严格审核施工的图纸，图纸为施工人员工作的重要依据，因此要保障图纸没有任何的错误，保障交通施工的顺利开展；④施工方要针对工程所需的材料联合业主、监理、检测单位四方共同考察，为尽早地完成配合比及总体开工报告做准备。

建筑材料的质量，对最终的施工质量会产生直接的影响。所以，交通工程当中施工方对于材料的质量管控要细致并且充分。①对于材料的质量检测工作，要依照严格检测之后再进行使用的原则，不能出现使用过程中发现问题之后再进行检测的情况，对于不合格的材料坚决不能使用。此外，在检测原材料时，要针对不同的材料制定不同的检测方法，安排专业的技术人员；②针对进场之后的材料，要做好货物数量、种类等明细的登记工作，并在档案建立之前，再次对材料进行抽检。

在交通工程施工的过程中，会应用到很多的设备，是决定工程质量的重要因素。在施工时，要选择合理的设备进行施工，在施工结束之后，要对设备进行保养工作。这样，可减少在实际施工过程中，由于设备问题造成的质量问题。

科技的全面发展，促进了施工企业的进步，其中施工技术有了很大的提升和发展，但是与西方一些发达国家进行比较，有些施工技术依然比较落后，这对交通工程质量的提升，会造成较大的阻碍作用。在施工的过程中，对于技术的选择可直接决定施工的质量，所以施工方要学习国外先进的施工理念和技术，并将其引入，结合我国交通项目的施工特征进行应用，以便将施工的质量进行整体提升。

在交通工程竣工之后，要做好其中的验收工作，其中会涉及很多的内容，如混凝土预应力检测等。因此，在验收环节，要根据具体的质量标准，抽查检验各个需要检验的部位，并结合最终的检测结果，找出其中不合格的部分，可保障工程的质量。

总之，交通工程与人们的出行息息相关，如果其质量出现问题会产生严重的后果。所以，对于质量问题，施工方要给予高度的重视，加强对材料的控制、选择合理的设备等全面保障施工的质量。

第四节 CM 模式在中国公路工程项目管理中的应用

CM 模式的英文全拼是 Construction Management，是国际上应用非常广泛的一种承包和发包模式，同时也是一种项目管理模式。中国对于 CM 模式的研究和应用很少，但是就现在社会发展的趋势来看，CM 模式应该是我国与国际接轨的必然需求，CM 模式简单地说就是指委托其他的单位来公路工程项目进行设计和施工管理，使公路的施工实现边设计边施工的形式，节省了公路工程建设时耗费大量的时间，CM 模式有计划的施工还能对公路工程的建筑成本起到有效的节约作用，提高我国公路工程的施工质量，值得全面的推广。

CM 模式是以承包的方式把工程项目管理承包给另外一个组织进行管理，该组织可以对工程项目进行最直接的指挥，影响整个工程建筑活动的进行。CM模式在以前主要应用在工程的实践阶段，接受委托的组织与发包责任者以成本价利润的合同形式进行相互的制约。CM模式在应用时的基本思想需要委托方和受托方进行良好的协调，以保证工程项目管理的顺利进行。CM模式在我国公路工程项目管理的应用中打破了原有的常规模式，使公路工程的施工不用等施工图纸审核完毕后就可以开始，提前了项目工程施工的时间，缩短了公路工程的施工周期。

CM模式的工程项目管理主要可以分为两类，第一类是代理型的CM管理模式，第二类是风险型的CM管理模式。

代理型的CM管理模式是指委托方与工程设计组织、CM管理公司、施工城建方共同签订合同，然后委托方通过CM管理公司来传达工程施工中的指令，然后CM公司对指令进行分层的传达，保证传达到每一个环节，这种管理模式CM公司没有具体的责任，仅仅只负责三方的协调工作。

风险型的CM管理模式是指委托方仅与工程设计组织和CM管理公司来签订合同，但是并不与施工城建方签订合同，而是把这个权利交给了CM公司，由CM公司来选择施工承建方并签订施工合同。所以在这种管理模式中CM公司就需要承担非常大的风险，因为这种模式中CM公司需要对工程施工的最大费用进行保证，避免施工超出最大费用的预算，如果超出了预算，CM公司就要承担超出部分的费用。

CM模式的优势体现在了对建筑工程施工进度的控制，不需要等到施工图纸的审核完成就可以开始正常的施工流程，在CM模式下工程图纸只需要完成前期的施工图，就可以预先进行工程招标，设计单位的设计工作继续进行，施工图纸与正式施工同步进行，使施工时间得到了很大程度的提前。与传统的工程项目管理模式相比，CM模式可以将工程施工有计划的分成很多个小部分，在施工图纸完成一部分之后就可以安排施工，极大程度的缩短了工期，使项目工程建筑效率得到了有效的提高。CM模式在实际的项目管理中结合工程规模、复杂度等一系列的因素进行综合考虑，制定完整的管理计划，保证工程施工的有序进行。

工程质量进行有效的控制。CM模式主要对建筑工程的材料以及施工单位进行质量控制，使整个工程的质量有效的提高，委托方只需要检查CM公司的管理体系的执行是否严格就可以，减少了直接对材料供货商、施工单位、监理单位的监管；减少了很多不必要的环节，而CM公司严格地执行质量控制体系也能有效地避免项目工程出现质量问题。

委托方委托了CM公司对工程项目的施工成本进行管理，因为委托方本身对于工程成本的控制能力较弱，但是CM模式可以代替委托方实现对施工成本的有效控制，CM模式可以根据施工地点的实际情况、施工单位的施工能力、施工设备、工程规模进行综合的考虑，制定科学的施工方案，对施工过程进行全程监管，使工程在最短的工期内完成，减少委托方成本的投入，实现成本控制的目的。

由于公路工程关系到我国的道路交通运输，直接影响到我国的经济发展，没有CM公司能够承担起此份重任，所以在CM模式的应用中选用代理型CM模式进行工程项目管理，但是某些中低级的公路工程可以推行风险型CM模式，但是也必须由代理型CM模式进行辅助。根据我国公路工程的实际发展状况，在CM模式的应用上设计了三个类别。

因为公路工程承建方的能力非常全面，不光具备施工能力还具备管理能力，因此，可以实行由承建方提供CM服务的管理模式。在公路工程的设计阶段开始进行CM单位的招标，选择有实力的CM单位。CM单位主要负责提出合理的设计意见，并对工程招标和工程施工进行管理，公路工程城建方的建筑经验以及管理经验都非常的丰富，可以有承建方对工程设计和施工过程进行协调，对于工程的成本控制方面可以由CM单位自己提出预算的最大施工费用，超出部分由CM单位自行承担。CM单位可以选择性的参与工程施工，也可以专门对公路工程项目进行管理。

在这种模式中CM单位不需要承担工程费用的风险，只需要为委托方提供工程图纸设计、招投标工作、施工工程管理工作的相关服务，委托方只需要提供给CM单位固定的费用即可。

我国实行工程监理制度已经有很长时间了，所以监理单位的项目管理经验非常的丰富。监理单位采取代理型CM模式对委托方提供CM服务也仅是对工程图纸设计、招投标工作、施工工程管理提供相关服务，同样避免了成本费用的承担风险。

CM模式在我国公路工程项目管理中的应用，有效地提高了我国公路项目管理的整体水平，使我国的公路工程能够更好地发展，加快了我国公路工程的建设速度，使我国的公路工程可以在国际市场上占据地位。

第五节　工程管理系统思维与工程全寿命期管理

工程寿命期管理一直是我国建筑工程管理研究的重点内容，其命题的维度较大，涉及总指导思想、工程建设、运行管理、投资体制等多方面的内容，而且涉及的管理知识内容也十分丰富，与传统的管理理念有着得很大的区别。在传统管理理念的核心中增加了流程、目标、技术、对象等主体，将工程建设与工程运行两个阶段紧密结合在一起，对建筑工程的全寿命期进行全方位综合管理，保障最优化目标的实现。

传统工程管理系统思维的核心是：建筑工程的质量、成本、进度，并没有将工程的运行阶段纳入到管理环节中，从工程整体寿命周期进行管理内容制定，其中具体的弊端体现在：工程价值观，传统工程管理系统思维指导下的工程价值观主要以施工效益及施工效率为核心，不重视工程的运营养护；这种价值观指导下获取的利益是短期的，严重的忽视了运营中工程可能出现的问题以及工程是否能够可持续发展的问题；而且对促进工程健康、稳定运行没有明确的认识，导致工程运行中存在恶劣性质的风险，影响了工程的寿命。

包容性，传统工程管理系统思维只在利益的基础上考虑工程建设，没有结合时代发展趋势对出现的新要求与新目标进行考虑。而且，受价值观的影响，工程的效用与价值在未得以充分发挥的情况下就夭折，传统的工程管理系统思维主要将工程管理分为不同的阶段，导致整体的设计、运行、决策严格的分裂开来，经常出现实际发展与目标不一致的问题，影响管理工程的连续性。而且管理人员和施工主体间的角色过于分明，未通过换位对实现工程的全寿命期进行总体考虑。

管理的思维模式，这种思维模式影响我国建筑行业管理的研究与应用方向，传统的管理思维模式是由单一的管理者执行单一的管理职能管理单一的工程环节，在我国以前的发展上还有一定的应用可行度，但在现代化工程建筑发展上，严重缺乏对建筑工程管理系统性的思考，导致建筑出现问题无法从根本上进行解决。

工程管理是指在结合社会发展需要的基础上，通过树立正确的工程价值观，实现工程全寿命期的最优目标。所以，工程管理系统思维的确立应从更高的高度、更广阔的时间范围以及更远阔的视野，综合考量工程问题、解决工程问题。

系统思维的概念最早是由切克兰德提出的，重点强调在研究过程中要保障研究对象的全面性、整体性，要求用系统的思维成果进行工程管理。在管理领域中，工程管理是一项特殊的管理活动，其具体整体性、系统性的特征，只有在其特征基础上，才能将工程的全寿命期都纳入到管理中，实现部分与部分的和谐、整体与部分的和谐、环节与环节的和谐、系统与环境的和谐。

从工程管理系统思维的角度来讲，工程建筑是在人类认识自然、利用自然与改造自然基础上通过工程技术、科学理论建造出来的物体，其是一种人造的客观存在，具备其独有的功能与价值。工程建筑主要是由空间建筑物主体、设备系统、构筑物、硬件设施、软件系统共同组成，每一部分都具有独立的功能，是工程建设工艺、技术、质量、工程量的具体体现。其存在客观环境中，在既定的空间范围内、有限的时间条件下运行。建设完毕的工程建筑属于一个开放系统，与客观环境保持着多种交互关系。

由于工程建筑一直运行在客观环境中，所以工程全寿命周期要求工程管理系统为其提供稳定的客观运行环境，如土地、人力资源、原材料等，这些都是保障工程寿命的根本与基础；而且工程建筑的全寿命周期还要求工程管理系统为其产品输出提供完善的服务，其中需要注意的是，工程建设会产生不利于自然环境和谐的废弃物，工程管理系统思维需要从和谐发展的角度做好处理。

工程全寿命期管理是结合时代发展的要求，在传统工程管理系统思维提供的管理方法与管理理论基础上，将工程策划、工程决策、工程规划、工程设计、工程施工、工程运行、工程维护、工程后期管理作为对象的全方位工程管理模式，扩展了管理的深度与广度。所以在构建管理框架结构上也要满足深度与广度的要求，基于工程全寿命期管理的规律，提出具体的管理流程与管理方法，再结合工程技术的发展、管理系统的创新，提升自身的适应性与可行性。其具体的要求有两个方面：

管理框架结构必须集成建筑工程各阶段的管理工作。根据工程寿命的规律与理论对工程管理阶段进行划分，包括工程策划管理阶段、建设管理阶段、运行管理阶段、善后管理阶段这四个阶段；而从不同管理对象的角度进行划分，具体分为决策管理阶段、投资融资管理阶段、项目管理阶段、造价管理阶段、质量管理阶段、技术管理阶段、合同管理阶段、运行维护管理阶段、建筑健康管理阶段。这些阶段都要纳入到全寿命期管理框架结构中。

所有管理阶段都必须全面贯彻落实全寿命期管理理念、管理方法、管理理论，包括工程建设中的技术管理阶段，都要在全寿命期思想上制定具体的管理内容。这就要求在工程建设中，不仅要重视建设期间的工程问题，运行期间的问题也同样重要。始终要将全寿命期最优化目标作为管理的目标和方向，保障工程在最优化全寿命期内持续、安全稳定运行，从而形成完整、统一的集成管理系统，保障建筑的运行安全与运行稳定性，经得住时代发展的考验。

①保障目标的协调一致，不同类型的工程建筑管理系统也存在差异，但其服务性质以及总体功能没有改变，所以通过工程每个阶段的管理目标，能够制定统一的可服务于全寿命期的总体管理目标，保障后续阶段运行的和谐稳定。②保障结构的协调合理，在统一的管理目标基础上，管理阶段与管理整体间要保持着和谐稳定的关系，既相互依赖又相互制约，在逐步优化中，能够消除各个阶段的阻碍，提高管理的有效性与效率。③保障功能的协调全面，工程功能的全面协调，才能均衡所有管理环节的产能，做好功能优化配置，保障每项内容都得到规范的管理，从而促进管理的平衡、协调，充分发挥实际价值。

综上所述，由于传统工程管理系统思维存在弊端与缺陷，在结合时代发展情况下提出了工程全寿命期管理，其将工程运行阶段也纳入到管理系统思维中。实现了工程最优化寿命周期的目标，弥补了传统工程管理系统思维的弊端，提高了工程的质量，延长了工程的使用寿命，是我国建筑工程管理理性发展的根本保障，应广泛地应用到建筑工程管理中。

第六节　公路系统人力资源管理信息化思路

人力资源管理属于其中非常重要的一项组成部分，可以实现对公路系统中人力的合理优化配置，对于我国的公路交通发展有着非常重要的意义。公路系统人力资源通过对信息技术的有效使用，不但可以提高整体的管理效率和质量，同时在一定程度上还能实现技术与发展之间的有效结合。因此，一定要结合实际情况选择合适的信息化人力资源管理模式，对于人员以及管理观念进行不断的创新和完善。

一、目前公路系统人力资源中存在的问题

（一）缺少信息化建设基础条件

结合目前的实际情况来看，在公路系统当中，人力资源管理人员在实际的工作中缺少一定的民主性，关于其他员工给出的意见没有充分的考虑，导致人力资源管理的科学化发展受到了非常严重的影响。另外，管理人员也没有认识到人力资源信息共享的重要性，这样很多人员就不能对公路系统当中的人力资源业务流程进行全面了解。同时还缺少了完善

的人力资源信息化网络建设，这样人力资源信息就不能在有效的时间内进行发布，这对于人力资源管理信息的公开性造成了严重的影响。各种信息化建设的基础条件一直得不到有效的落实，这将会对公路系统人力资源管理信息化建设带来非常大的难度。

（二）没有形成先进的人力资源管理理念

目前，很多企业在进行人力资源管理过程中仍然还是采用传统的人力资源管理模式，导致很多管理工作已经不能在满足社会时代发展的需求。在公路系统管理工作中一直都是采用的家长制的管理方式，每个员工的岗位基本上都是固定的，所以在信息化建设过程中得不到足够的人员支持。很多工作人员不认为公路系统人力资源信息化建设是员工的工作，而是应该交给单位领导来进行，导致在公路系统人力资源管理信息化建设过程中缺少了一定的积极性。在管理思想以及管理方式上一直得不到有效的创新，导致信息化建设在公路人力资源管理系统中一直得不到有效的执行。

二、公路系统人力资源管理信息化建设的重要性

任何一个企业在发展过程中都离不开人力资源管理职能的发挥，对于公路系统而言同样也是如此。在公路系统人力资源管理中加强信息化建设，可以更好地实现公路系统人力资管管理目标。比如，企业在对自身规模进行扩建的时候，相应的需要对部分人员进行招聘，这就需要企业对相关体制以及经费进行重新规划，如果是通过人工操作的方式来完成将存在非常大的难度，而利用信息技术就可以对企业整体内容进行合理的规划，通过系统的筛选和分析，可以在最短的时间内实现企业的管理目标。另外，通过信息化建设还能对公路系统人力资源管理流程进行不断的完善和优化，保证各项管理工作之间的协调性，使工作流程可以体现出非常合理的程序性，同时体现出人力资源管理模式下各项工作的条理性，实现对整个公路人力资源管理流程的不断细化。

三、促进公路系统人力资源管理信息化建设的相关对策

（一）树立全新的人力资管管理理念

公路系统人力资源管理加强信息化建设，主要是逐渐改变传统管理模式中存在的问题和不足，通过先进的管理模式来满足目前社会经济发展的相关需求，也是人力资源管理未来实现可持续发展的有效途径。要想实现公路系统人力资管管理的信息化建设，首先相关人员应该认识到人力资源管理工作的重要性，在思想上树立出先进的人力资源管理理念，让全体员工可以积极地参与到人力资源管理工作当中，使传统的人力资源管理模式可以实现有效的转型。同时还应该加强相应的培训工作来提高人力资源管理人员的专业水平，让管理人员可以对计算机操作流程以及相关的人力资源管理知识进行全面掌握，从而才能为公路系统人力资源信息化工作开展提供良好的基础保障。

（二）加强人力资源信息化基础建设

目前，随着我国信息技术的不断发展，在公路系统人力资源中融入信息技术，可以在最短的时间内将信息公布在人力资源管理网站上。这样就能上社会公民全面了解到公路系

统人力资源管理信息，从而保证人力资源信息的透明性。在进行信息化基础建设过程中，一定要采取有效的措施来减少人力资源管理网站中存在的信息缺失现象，通过这种方式才能保证人力资源管理信息的安全性与可靠性，保证职工可以在较快的时间内获得自己需要的信息，针对其中存在的问题及时发表自己的看法，这对于加快公路系统人力资源信息化建设有着非常重要的意义。

（三）提升人力资源管理人员的素质水平

在公路系统人力资源管理信息化建设过程中，管理人员在整个过程中起到了非常重要的执行作用。因此，管理人员自身的素质水平在一定程度上将直接影响到人力资源管理信息化的建设情况。这就需要加强对人力资源管理人员自身能力的教育工作，将信息技术以现代人力资源管理方法实现有效的融合，要求管理人员必须对信息技术内容进行全面了解，熟悉具体的计算机操作流程，在此基础上才能为公路系统人力资源管理信息化建设提供良好的基础保障。

综上所述，公路系统在实际的运转过程中不但可以体现出一定的社会效益，同时也能为社会公众提供良好的服务。在新时期不断发展的背景下，相关人员一定要对公路系统人力资源管理的信息化建设引起高度重视，对于目前的管理制度进行不断的完善和优化，从而形成合理的信息化管理流程，使公路系统人力资源管理信息化作用得到充分的发挥。

第六章 公路养护技术的理论研究

第一节 公路养护技术要点

近些年来，我国各地城市化进程不断加快，公路建设步伐加快，在经济快速发展的背景下，人们越来越重视养护技术的应用。只有做好养护工作，才能保障公路的质量，保证车辆的正常通行，促进交通经济的进步和发展。

在公路施工过程中，会涉及城市建设的多个方面，也对城市居民的生产和工作带来一定影响，公路建设、养护参与人员。必须认真研究和探讨相关的施工技术，提高技术革新能力以及新技术的应用水平，使公路建设做到又好又快，才能更好地服务当地城市化发展需求，为人民平安出行创新良好条件。

一、养护难点分析

公路的施工涉及的范围比较广泛，主要包括城市布局结构、土地利用结构、空间布局等，其中公路的更新与调整，因涉及诸多复杂因素，一直是城市建设和规划一个难题。再者，公路的建设周期都比较长，涉及的施工技术和施工环节也较为复杂。因此，必须对公路建设充分的重视，不仅确保良好的施工质量，还要尽可能采用先进施工技术，尽最大限度的缩短公路施工周期，客观认识公路施工中存在的难点问题，才能更好地做好公路施工工作。

目前，公路养护存在的难点有：

公路附属的各种设施，随着时间的变化，会受到自然环境及人为因素的影响和作用，发生老化、磨损、损坏，这些都会影响公路体系的美观，导致公路出现老化或者易损。

随着城市化进程的不断加快、车流量增加、载重量超负荷等通行情况的变化，都需要相关建设部门和管理部门对相关的公路设施或标识进行更新或改进。但相关职能的不落实，也导致市政公路相关设施的功能不能满足发展的要求，从而为公路车辆、人员通行埋下安全隐患。

再者，地区经济的快速发展，城市产业结构的调整与优化，使得原有的公路结构无法满足城市发展的变化，致使公路结构出现老化。

二、路面日常养护内容

路面清扫。定期进行路面清扫的主要目的是：保持公路整洁、净化公路环境和防止由于散落物、路面垃圾等引起交通事故等。公路路面清扫的频率主要通过公路交通量大小和公路状况等影响因素来综合确定。通常情况下，对于沥青路面的清扫，除了要进行日常的清扫工作外，还需要根据其路面的污损程度来采取定期的特殊清扫。如果公路路面上存在阻碍车辆正常交通的杂物或者障碍的时候，需要及时地对其进行清扫处理。特别的对于受到化学物品或油类物质污损的路面，清扫的时候，应该首先撒木屑、撒沙或者用化学中和剂进行中和处理，等过一段的时间后，再采取清扫处理。

桥梁清扫。公路桥梁清扫的内容包括桥面、支座、栏杆、伸缩缝和排水设施等。对于桥面需要进行定期的清扫，以确保桥面的整洁度。夏季在下雨后需要对桥面的积水及时排除；冬季在下雪后需要及时将桥面的积雪和冰层处理掉。对于桥面清扫的方法和频率和路面一样。

其他设施的清扫。对于公路路肩两侧和中央分隔带内的垃圾和杂物也需要进行定期的清理，以保证路面的整洁。如果标志牌面、交通标志及标线受到污染物的污染后，需要进行及时的清扫处理，以保持警示标志的干净、清晰、醒目。公路的防眩板、防撞保护栏等道路基础设施也需要定期进行清扫处理，以更好地维护道路的整洁。此外，对于公路的排水设施要特别注意进行定期的清理和疏通，确保排水功能性能良好。

三、公路养护技术要点

重视公路基础性施工技术。在公路施工过程中，施工技术对公路施工质量有着重要的影响。尤其公路的路基、管道、排水等公路的基础施工，如果不能做到严格按相关施工规范、设计要求等进行施工，对公路的后期建设质量影响重大，也会给后期公路维护增加诸多难度，甚至会导致公路的通行性能下降。因此，在公路施工过程中，必须重视施工相关的基础性工作，严格把控路基、管道、排水等施工质量，发现质量问题、及时给予处理，防止施工质量隐患时一步扩展，也为后期公路施工有序进行、施工工期等提供保障。

重视信息技术的应用。为了保证公路施工效率和施工质量，高效开展公路施工管理，就需要在施工管理中重视信息技术的应用。比如，通过建立完善的公路施工管理信息化系统，可以较好地提高公路施工中相关管理的工作效率。通过对公路施工过程中施工时间节点、费用支付、公路阶段验收等相关记录的和数据的信息化管理，对于施工管理人员依据相关信息和数据，准确把控施工流程，详细了解施工质量、施工成本、施工进度等。有条件的地区，还可以通过利用相关地理系统，对公路施工环境、气象条件等开展仿真模型建立，从而更加真实的、更加直观了解公路建设施工环境，也可以结合多方面信息数据，科学选取施工材料、施工设备、优化施工技术等，从而对公路顺利施工、科学施工提供良好的帮助。

重视公路施工病害防治技术应用。公路施工质量的好坏，直接影响公路的通行能力和使用寿命。因此，施工过程中，为了严格公路施工过程管理，应需要建立相关的施工技术管理团队，严格按照设计要求开展施工管理工作。同时，在后期养护工作，也需要求及时发现公路存在的病害，如果发现路面有严重车辙或者路面塌陷，就需要相关工作人员第一时间对路面进行养护与补救，防止公路病害的进一步扩大，对公路通行造成严重损害，进行提高公路通行的安全性与稳定性。

四、沥青路面养护技术

沥青路面日常养护技术的注意事项。沥青路面进行日常养护的主要目的是确保公路路面平整度、线形顺直、横坡适度、路容整洁、排水状况良好。路面巡查的重点是对路面状况进行详细的调研，一旦发现路面存在潜在的危害，要及时进行处理。对于路面养护作业过程中，要杜绝各种铁轮车或履带车等直接在路面上行驶。如果不得不过路的话，必须要采取一定的路面保护措施（如垫钢板等）才可以通过。

沥青路面的季节性预防养护与维修。春季应该做好沥青路面各种裂缝（温度收缩裂缝等）的维修，通过使用春融翻浆防治器材和低温春雨养护材料对路面的松散、翻浆和补坑槽等病害进行及时的补救（维修）。鉴于夏季气温较高，对于路面的养护十分有利。因此，需要掌握在高温下智力泛油、铲除波浪、拥包及修复破损的应用技术。秋季气温逐渐地降低，路面维修要注意做好天气预报，抓紧完成公路预定的工程量。冬季，路面应该主要做好季节性病害（如防水、防雪、防滑等）的防治。

水泥混凝土路面养护技术。①水泥混凝土路面的日常养护。水泥混凝土路面的日常养护内容主要包括定期清理中央分割带内的垃圾和杂物，对公路路面上的砂子、石子、泥土、垃圾和污染物等进行清扫等。雨季要注意路面的排水；冬季要注意路面积雪、冰块的清理，切实保证路面和路肩两者之间衔接平顺，横坡恰当。②接缝保养及填缝料更换。要切实注意填缝料填充与铲除的季节性和时效性，以确保接缝处的质量和路面的衔接过渡的平滑性，避免车辆在接缝处发生颠簸。如在接缝变大、气温下降，有空隙的时候，适宜在当地气温达到最低的时候进行填料灌缝作业；在气温上升，填缝料被挤出时，需要及时对凸出的填缝料进行铲除，避免出现泥土、砂子及石子挤入缝隙造成缝隙填充不充实的现象。一般情况下，填缝料需要 2—3 年更换一次。

综上所述，公路路面养护是一项复杂、系统的工程，由于内容多、范围广、要求高，对养护人员的考验也较大。在实际养护的过程中，需要不断总结工作经验，针对公路路面具有不同的特点，制定相关的养护方案，保证公路施工质量，进而保证公路行车的安全性，稳定性。

第二节　公路养护技术方案优化

随着我国科学技术的不断进步，社会经济的突飞猛进，我国的交通运输行业也在近几年有了较快的发展，公路建设开始大规模兴建。随着人们生活水平的提高，对公路利用率的增加，其对公路的质量也有了新的要求。而公路的养护工作则是提高公路质量的有效方法，现如今，提升公路养护技术势在必行。本节对公路养护技术方案优化与实施进行了分析探讨，仅供参考。

随着我国社会经济的不断进步，人们的生活水平有了质的飞跃，交通运输行业更是发展得十分迅速。公路的修建越来越多，而对于公路的质量也有了更高的要求。由于公路的质量与人们生命安全息息相关，所以这也成为人们较为关心的问题。想要将公路的养护工作做好，就需要采用有效的养护方法和养护技术，与此同时，对公路质量要求的不断提高，还需要不断地提高养护技术从而更好地运用到公路的养护工作中，使得公路的质量有所保证。

一、公路养护新技术应用方案的综合性选择

公路养护要对技术方案进行优化和选择，在实施的过程中要确保技术合理、可靠、先进。要根据具体情况制定相应的方案，如工程路段占据中心位置，在养护中还需要考虑交通运输情况。在确保交通顺畅的情况下可以更好地开展公路养护工作。另外对于新材料和新工艺，要进行分析和利用，通过有效的控制管理使新材料新工艺能够科学有效的利用。还要进行合理的经济分析，最终确保养护技术方案能够顺利执行。因为每个地方的情况不同、路况也不同，所以要具体问题具体分析，根据实际情况做出合理有效的方案。只有这样才能将方案的作用彻底发挥出来，从而保证施工的顺利。

二、公路养护技术要可靠、合理、先进

公路养护在技术方案优化选择上，必须讲究实际性，要根据实际情况制定出合理有效的方案，从而提高方案的可行度。在方案制定之后，具体的实施中还要有合理、先进的技术以及施工管理，保证方案的有效进行。在施工中，要对物质的消耗进行准确的衡量，并尽量在施工中降低物质消耗、缩短工艺流程、提高施工效率。

一旦公路养护技术方案得到合理优化，无论是对工程的效率而言还是对工人的工作强度而言都十分有益。方案的优化，会使得公路的养护更加科学化、合理化，施工方法会更加科学，施工的成果事半功倍。而对于工人而言，优化的施工方案会有效降低工人的劳动强度，减少工人的疲劳度，使工人的工作态度更加积极。

合理优化公路养护方案需要考虑的问题是多方面的，并且要将方案与技术模式妥善相结合，提高其项目的综合管理水平。在技术上要有较高的要求，在保证技术先进的同时，还要保证经济上的合理。在方案执行的过程中，要对质量、成本、效益等多方面综合考量，待将这些因素都有效结合后，制定出的公路养护方案，才可以说得到了有效优化。公路养护的质量和实施方案都需要充分利用新技术，从而保证工程效率得到有效提升。公路养护技术要可靠、先进、合理，在稳定中利用全新的科学技术，并与现有的工程有效结合，将方案的优势充分发挥，这才能够真正在实施中体现出其价值所在。

三、技术方案经济优化方法

公路养护工作要充分利用新技术和新工艺，有效地将二者紧密联系在一起。对新材料新工艺的选择也十分重要，在提高公路技术优化方案的同时还可以使公路管理的综合模式

得以优化。公路养护还需要有技术、有经验。将这两个方面有效分析，并充分结合，不但可以提高工艺水平，也能够将新材料有效地利用其中，将整个技术方案有效落实。有效提高管理水平，是公路养护中重要的环节。而如何提高管理水平？一直是十分重要的问题。从新技术、新工艺、新材料的综合管理出发，从而提高工程质量的控制水平，有效地将公路养护工程的质量管理水平提高上来。根据实际情况，选出合适的材料，并有针对性地对其进行优化，并进行结构性分析，使公路养护能力提升显著。想要使技术方案不断优化，在材料选择上进行有针对性的分析，比如，可以提升混凝土的强度，使浇灌工程更科学，更有成效。由于公路养护涉及的技术和资源较多，所以还要将这些技术和资源有效整理，结合，有效推动施工的发展，在提高工程质量的同时，还能将工程方案有效结合，充分利用其优化的方案。

四、新材料应用的技术经济比较分析

在公路养护的实际过程中，对新材料的选择和利用，要进行全面的可行性分析，考察该材料是否能够有效的被利用在养护的过程中。并根据新材料的特性，与方案进行对比研究，从而保证新材料在不同的工艺上都能够被充分利用。由于每个地区的公路情况不同，所以在新工艺的运用上不能够一概而论，要找出因地制宜的方法来制定方案并施工，取得较为理想的成果。

对技术方案进行全方位的分析可以确保公路养护技术方案的可行性和有效性，对于技术的基本原理也需要经过全面的分析和处理。要从多个角度，多个层面进行分析，从而提高该技术的综合管理水平。在充分利用新工艺新材料的同时，还要对其进行全方位了解，不但要从工艺等方面考虑创新性，还要充分考虑所消耗的费用。根据方案比对，与其他几种材料工艺进行优劣对比，再从经济消耗上充分计算，选择性价比较高、工艺较好的展开应用。这也能够为新技术的实施营造出更好的环境和条件。

五、公路养护技术方案增量投资分析

经营成本是公路养护过程中需要重点考虑的问题之一，公路养护中还需要对方案的增量进行合理的分析，并最终全面运用。增量与方案要合理结合，从而更好地优化实施方案，提高方案的可行性。方案能够得到较好落实需要有良好的内部条件和外部条件，想要提高整个施工工程的整体管理水平，同样需要技术方案能够着眼于经济利益，最大能力地提高技术方案的可行性。通过利用良好的增量方案，可以妥善降低公路养护的成本，并能够提升技术水平，为公路的养护工作提供了较好的环境，使公路养护的质量得以提高。

公路养护技术方案的优化需要从几个方面进行综合性的分析与实施，在方案优化中，工作人员需要充分利用新工艺、新材料、新技术，从而制定出较好的公路养护技术方案。内部条件和外部条件的充分利用，能够营造出良好的公路养护环境，创造出较好的经济效果，从而使公路养护工作更加顺利。同时在养护工作中还要考虑到每个地方的实际情况，由于每个地方的路况不同，所以要因地制宜地采取合理的工艺与技术、材料来施工。要将材料与工程设备紧密结合、充分结合，从而提高工程效率。工程类型和工程设备要采用行之有效的施工方案，创造出合理的实施方案。笔者针对公路养护技术方案的优化与实施问题进行了具体的分析与总结，并提出了相应的解决对策，希望能够给相关工作人员带来一定的借鉴意义。

第三节　公路养护技术发展趋势

目前，我国在公路养护方面存在一些问题，如管理手段与方法较为落后；养护设备依赖进口，从国外引进的技术、设备多半是国外淘汰下来的产品，而国产设备虽然技术性能可圈可点，但大多缺乏独立自主知识产权。从客观角度来讲，这些问题的存在为我国公路日常养护工作以及养护技术水平的提升竖起了一道无形的屏障，限制了公路养护技术的提高。本节将针对这些问题提出解决对策，并通过实证案例验证管养对策的可行性。

一、公路养护概述

在公路实际运营过程中，公路养护是至关重要的环节之一。公路建成通车后，随着其使用年限的不断增加、自然因素及人为因素的影响，公路质量必然会出现一定下滑。通过公路养护，能够推延公路质量下滑的时间，使其在一定时间内依然保持较高的质量，为交通运输提供保障。在公路养护管理过程中，要对相关设施进行协调并控制，从而实现资源优化配置，让公路运营服务始终保持较高的水准。

二、公路路面主要病害类型分析

在我国大多数公路都是沥青公路，其主要病害类型包括以下几个方面：①裂缝。横向裂缝是所有裂缝病害当中最为常见的一类，在半刚性基层沥青路面当中较为常见。横向裂缝又可分为荷载性裂缝与非荷载性裂缝。其中荷载裂缝主要是由于车辆超载或施工质量不达标所致。非荷载裂缝主要是由于沉降、沥青混凝土温缩所致。纵向裂缝也是较为常见的一类裂缝。之所以会出现纵向裂缝主要是由于在沥青面层分段摊铺时相关工艺为实施到位，长期受车辆负载及环境因素影响便会逐渐开裂。②车辙。车辙是较为常见的沥青公路病害之一，表现为路面沿车道方向出现横向高度差。导致车辙的主要原因包括材料设计不合理、基层稳定性不够、行车荷载反复作用等。③沉陷。路面沉陷主要是由路基填料压实度不够所致。同时，路面排水不及时或路基过于潮湿，也会造成局部下沉。④坑槽。坑槽是路面网裂、松散进一步发展所致。当路面出现网裂后，由于维护工作不够及时，再加上雨水的渗透、侵蚀，容易形成坑槽。另外，基层强度不足时会造成路面断裂，也会产生坑槽。⑤表面磨光。表面磨光主要是指沥青路面本来的构造出现衰退造成路面光滑。其主要原因是由于公路长期运营过程中，车辆荷载反复摩擦所致。其本质原因是矿料级配不当、细集料过多。⑥水损害。水损害主要是由于沥青公路内部排水结构设计不当所致。由于路面不能及时排水，水分可能从路面表层渗透至结构层当中，在长期温度缩胀及车辆荷载作用下便会出现水损害，使结构层受损。除沥青公路外，混凝土路面也会裂缝、车辙、沉陷及水损害等病害，需要采取一定措施进行修复。

三、加快公路养护技术发展的对策

公路养护是一项长期性的工作，根据我国同发达国家在养护技术方面差距的存在，就需要我国能够积极努力，通过科学对策的应用提升我国的公路养护技术水平，其具体方式有：

第一，加快养护管理体制建设。对公路养护管理现代化进行实现可以说是我国养护事业发展的关键内容，通过科学、高效的现代化管理体制的建立，才能够对现代化养护生产方式的效益以及质量做出保证。要想真正对跨越式发展进行实现，就需要加快公路养护体制改革步伐，积极建立起信息化、科学化且具有高效运行特征的管理体系，积极开发出能够同我国国情相符合的管理系统，对路面分析、评价以及监测的自动化与动态化目标进行实现。同时，要积极建立起能够同现代养护技术相适应、具有良好完善特征的技术规范体系，在规范化实现公路养护管理的同时，对我国公路养护管理部门的服务意识以及管理职能进行强化。

第二，加强养护技术研究。要深入开展公路养护技术以及相关理论的研究，通过专门养护技术管理部门的建设对国外先进的公路养护管理技术以及养护关键技术进行研究，形成能够同我国国情相符合的养护理论体系，在此基础上对我国公路养护行业的具体实践进行指导。同时，要对国外先进的公路养护信息进行收集，对公路养护行业当中所需的技术人才进行培养，定期开展具有较高技术水平的评价以及技术交流会议，通过对公路养护行业学术感悟的出版对我国公路养护技术的进一步发展起到积极的促进作用。

第三，培养专业人才。在公路养护工作当中，人才的作用十分关键，对此，就需要能够以高等院校为依托，成立起公路养护管理与技术培训学院，以此为我国公路养护行业以及管理部门对具有较高水平的专业人才进行培养。同时，要想真正实现我国公路养护技术水平的提升，不仅需要技术人才的培养，且需要更多的高级管理人才，而这同专门的机构以及学院成立具有密切的联系。

第四，开放公路养护市场。要对公路养护市场进行全面开放，面向社会建立起竞争有序且统一规范的工程市场。通过对公路养护市场的开放，对公路养护不仅能实现管养分离，使养护部门能够集中力量对道路状况进行履行，而且能够在实现公路管理水平提升的基础上对公路养护管理的现代化目标进行实现。同时，通过该目标的实现，能够对全社会的技术、人力以及财力资源进行利用，以此对我国公路养护技术的快速发展进行推动。作为政府部门，也需要在联系我国国情的基础上对市场给予一定的扶持政策。

第五，建立养护技术发展基金。要对公路养护技术专门发展基金进行建立，在有限的基金条件下引进公路养护的关键技术，并对这部分技术在充分吸收的基础上进行创新。在国家科技开发资金当中对一定比例进行提取将其作为我国公路养护技术的发展基金。通过该种方式的应用，则在利于我国公路养护技术发展的基础上，实现我国养护技术效益以及水平的提升。

公路养护保证公路质量的基本工作。为进一步推动公路养护事业发展，不仅要加强技术研发，还要重视人才及市场管理，逐渐形成一个良性的发展体系，为公路交通运输提供保障。

第四节　高等级公路养护技术与设备

对高等级公路的养护技术措施进行了阐述，包括对高等级公路的养护范围和养护性质进行确定、对机械化的现代公路养护专业队伍进行构建等。本节论述了高等级公路养护机械的未来发展趋势，包括对薄冰、雪进行综合清理的设备、对水泥路面进行综合养护的设备等。

针对高等级公路的施工阶段和运营使用阶段，我国均对其提出了非常严格的要求。在高等级公路投入使用一段时间后，因受环境因素、车辆超负荷通行因素等的影响，公路路面会出现不同程度的破损。因此，在对高等级公路的运营使用过程进行更为严格的监管以外，还要对高等级公路路面进行合理、科学地养护，以有效提高公路路面的质量，避免因公路路面基层的承载能力影响公路路面表层。为对路面的使用安全性进行有效提高，对公路养护过程的成本进行有效降低，本节对高等级公路养护机械与养护技术进行深入研究，具有重要意义。

一、高等级公路的养护技术措施

对高等级公路的养护范围和养护性质进行确定。针对不同等级的公路工程，其各自均具有相应的使用标准，它们之间存在着一定的区别，如路面的平整度、路面的承载能力等。目前，在高等级公路施工过程采用先进的技术，进行机械化作业，能够将公路的建设任务较为迅速地完成。特别是公路路面的施工，通过采用一体化作业模式，能够对路面接缝处的承载能力的差异现象进行有效避免。在对高等级公路进行养护时，一定要将有关建设标准作为主要依据，路面在养护完成以后，一定要能够恢复到原来的标准，同时要有效提高路面的承载能力，使其达到设计的等级。和常规的公路相比，高等级公路的舒适程度交通行驶速度存在一定的不同，相应地，高等级公路应选用适合本身的养护方法。在进行养护前期准备时，应详细判断公路的等级，使其成为公路养护工作开展的重要依据。一般来说，高等级公路的范围规模都是比较大的，应分段进行养护任务，且有效的维修养护磨损严重的路段。在不同路段路面出现不同程度的磨损情况时，如果选用整体养护方法，则养护成本会比较高，造成比较严重的浪费，同时还会严重影响车辆的正常通行。针对磨损比较严重的路段，宜选用重铺的方法，以此对公路的使用安全性进行有效的提高，能够在较短时间内快速恢复路面的正常通行。

对机械化施工的现代公路养护专业队伍进行构建。为有效培养养护专业人才，应从两个方面着手进行，即提升养护工作人员的实践工作能力、培养养护工作人员的专业理论知识。其中，为有效提高养护专业工作人员的素质，可以定期举行专业技能评测，鼓励全体人员积极参与，同时应将具有实际意义的内容作为主要考核内容，以便对高级公路养护人员的专业技术水平进行有效检测，判断其是否已经达到先进水平。同时在购进新的养护机械设备后，应组织工作人员对机械的操作方法进行提前学习，待其掌握这些操作方法以后再有效带动其他技术人员进行深入学习，这样才能够在高等级公路养护过程中，顺利进行机械化施工作业。在管理养护专业人才方面，为提高工作人员对先进技术方法学习的主动性，宜采用应聘上岗的模式，在技术岗位中形成良性竞争。针对机械化的公路养护队伍的构建，需要较长的时间，高等级公路养护管理人员应能够对人力资源进行科学调动，不断地提高养护队伍的实战能力。同时还应选用分段模式来开展公路的养护任务，以便快速完成公路养护的质量检测。通过有效比较养护标准和实际养护检测结果，能够对公路养护结果检测的作用进行充分发挥，能够对养护队伍的工作能力进行有效检验。

完善公路养护体系。在运用高等级公路养护技术时，应制定完善的工作计划。目前，我国现行的高等级公路养护体系存在较多的问题，没有标注详细的养护流程，没有对养护间隔周期进行有效明确，严重降低了养护工作的有效性。另外，公路在使用过程发生的问题，不能够对其进行及时解决，进而对公路的正常使用造成严重影响。应根据公路建设的不同层次，有效地开展高等级公路养护体系的构建。在对公路进行养护之前，应详细检测公路的质量和安全，对其存在的安全隐患问题进行正确判断，同时将由现场获取的勘察结果作为主要依据，对路面结构受损原因进行深入分析，在对公路进行养护的同时，还应运用有效的预防控制对策，以有效延长高等级公路的安全使用时间。

二、高等级公路养护机械的未来发展趋势

对薄冰、雪进行综合清理的设备。通过选用综合清理设备，可以有效分离路面和薄冰，然后利用清扫功能清理干净所有的破碎薄冰，以能够使路面的养护需求得到满足。当大量的薄冰、积雪堆积在高等级公路表面上时，车辆极易发生打滑现象，严重影响行驶车辆的行驶安全。在满足清理要求的基础上，路面清雪综合设备还应对路面遭受破损现象进行有效修复。

对水泥路面进行综合养护的设备。通过利用综合路面养护设备，能够有效融合检测技术和维护技术，进而对传统养护模式中对很多机械设备进行利用现象进行有效避免，整个养护过程变得更为简单。目前在设计综合设备时，尚不能够完全确定综合设备的使用功能。在设计设备的过程中，应将水泥路面经常会发生的问题作为主要着手点。目前在技术方面，一体化综合养护作业是一大空缺。为了对高等级水泥路面公路养护工作的工作效率、工作质量进行有效提高，一体化设备一定是未来养护技术的重要发展趋势。

对沥青路面旧料进行再生的设备。目前，高等级公路施工中主要利用的材料就是沥青。

随着我国汽车数量的不断增多，沥青路面的磨损程度变得越来越严重，尽管重铺沥青路面可以使公路使用效率得以满足，却对养护资金、养护时间造成了严重浪费。假如能够使用旧料再生设备在原有路面的基础上实现对路面的快速养护维修，通过再加工旧沥青材料重新利用，能够对养护时间进行有效降低，同时节约养护资金。随着沥青材料使用需求的不断上升，目前的养护设备和养护技术已经无法满足需求，所以在未来，沥青材料再生设备势必也是一大重要发展趋势。通过更新设备的设计观念，落实设计观念，提高高等级公路的运输效率，同时能够有效提高养护工作的效率。

当前我国正在对其相应的设备进行研发，即通过对非接触式检测手段或者接触式检测手段进行利用，以有效诊断道路的结构层病害。对高等级公路养护体制进行快速改革，对高专业、高素质的公路养护队伍进行构建，对所辖区段的公路养护任务和维修任务进行全力承担，能有效提高公路的使用状况；能够对高等级公路养护体系进行不断完善，使高等级公路的养护变得更为安全、科学、有效。

第五节　基于 CPMS 技术的公路养护技术

经济的迅速发展导致车流量越来越大，这样的现象使我国公路养护部门进行公路养护的压力越来越大。因此基于 CPMS 技术，提出一种新的公路养护技术。利用其对公路桥梁、公路路面松散的情况以及公路路面裂缝的情况进行养护。通过实验与传统公路养护技术进行施工日期对比，发现这种新的公路养护技术能够提高公路养护效率。

由于经济的迅速发展导致我国汽车数量节节攀升，因此，我国国道干线与省道干线等公路的路面承受的交通流量压力十分巨大，这样的现状迫使我国公路养护部门不断进行道路养护措施的改革与技术层面的革新。由于我国实施了燃油税的改革，我国的公路养护资金已改为由中央财政预算进行拨款，这也使得我国公路的科学养护备受社会各界瞩目。我国公路管理养护部门必须制定有效的、预防性的公路养护计划并提高公路管理水平和质量，才能使公路这个最基础的公共设施更好地服务于社会大众。

CPMS 技术是由我国自主研发的，该技术的全称是 Pavement Management System for China highways，也就是国省道干线公路路面管理系统。CPMS 技术是一项根据路况情报、通过系统化、工程化的收集方法来相应的作出判断对策的公路管理系统，是在新型设计理念下进行设计并且仍在发展中的新技术。该公路管理系统对地理信息系统进行了引进，通过电子计算机对现有路网进行预测。由于传统的公路养护技术存在养护效率低的缺陷，为此基于 CPMS 技术，提出一种新的公路养护技术。

公路桥梁养护。基于 CPMS 技术设计一个新的公路养护技术，该技术综合了电子计算机技术、地理信息系统、全息模拟动态系统与各种公路养护的施工技术。通过新的公路养护技术对公路的各种部位进行养护。

公路桥梁在我国公路的构成中占据着独特的地位，在我国交通事业的发展过程中也起着不容忽视的作用，展现出了非凡的价值。然而在公路桥梁的实际运行中存在着很多问题，例如，容易出现车辆超载等问题。除了人为因素，周围的气候与自然环境对公路桥梁也有着很大影响，最主要的是会对公路桥梁的安全性与稳定性造成影响。所以在进行公路桥梁的养护时需要从公路桥梁的实际状况出发，结合新的公路养护技术，从而形成较为完善的公路桥梁养护机制。在实际公路桥梁进行养护时需要准确把握公路桥梁的维护管理机制，从根本上提升预防性养护的管理质量与水平，提升公路桥梁的使用寿命，保持公路桥梁运行状态良好。

在利用新的公路养护技术对公路桥梁进行预防性养护的过程中，需要从业工作人员积极提升自身的工作技能。从预防性公路桥梁养护技术的基本要求来讲要想提升桥梁的养护水平，就要注意桥梁的结构，积极排查该结构下可能出现的各种安全隐患，随时对其进行复查。同时也要定期对该桥梁的实时使用状况进行重点了解与分析，并将桥梁的使用数据记录下来。然后要把该桥梁的相关使用数据进行整合处理。只有这样才能为以后的桥梁养护工作提供数据支持与合理依据，从而形成适合该桥梁的养护方案与计划，为以后该桥梁的养护工作打下坚实的基础。

公路路面松散变形养护。公路的沥青路面通常经过一段时间的使用后，在气候因素与车辆荷载的共同作用之下，会产生松散变形的情况。沥青路面松散变形情况的形成通常可以从两个方面进行分析：一方面是公路施工过程中的质量控制与管理不够到位，遗留下了质量隐患；另一方面是公路的施工完全完工后沥青路面受到排水工程、气候变化与车辆荷载等客观因素的影响，使公路的沥青路面结构被破坏，出现松散变形的情况并不断扩大。

其中公路路面松散类病害主要包括沥青路面材料松散、剥落等病害，而这些病害产生的原因多种多样。例如，由于公路的路基本身承载力不足，导致路基出现不均匀沉降的情况最后出现路面材料松散。也可能是由于公路沥青路面使用时间过长，路面材料随着时间风化导致路面材料松散，或者是由于公路沥青路面本身排水系统设计得不够合理，雨水积存，排水不畅，沥青路面水破坏现象严重，从而造成沥青材料的剥离。公路沥青路面变形类病害是由于沥青路面发生结构变化所导致的，其中常见的公路沥青路面变形类病害有沉降、车辙等。公路沥青路面变形类病害主要有以下产生原因：可能是由于公路沥青路面在进行施工的过程中质量把控不够严格，特别是公路施工过程中原材料拌制质量不合格或者沥青混合料的配比不够合理，这样公路在自然因素影响下与车辆荷载的重力作用下就会产生路面变形的情况，或者是由于公路沥青路面在使用运行的过程中由于交通流量过大而承受过大交通压力，例如，由于车流量过大而导致的车辆超载等原因，当公路路面承受的重力超过沥青路面所能承受的极限，就会出现公路路面永久性变形的情况。因此通过新的公路养护技术，对公路路面及时进行预防性养护。

公路路面裂缝养护。伴随着公路投入使用时间的不断增加，公路路面会慢慢产生一些细微的损坏，最终会造成公路路面产生裂缝。在公路路面产生裂缝的初期，这些裂缝对车辆的正常运行不会产生很大影响，因此人们对其关注度并不高。然而在温差的日夜变化、持续的荷载与雨水的渗透等因素的影响下，路面裂缝的破损速度会加快，导致公路路面裂缝越变越大，最终降低公路路面的承载力并在一定程度上影响到车辆行车安全。

公路路面裂缝种类主要包括横向与纵向裂缝、块状裂缝与龟裂等。利用新的公路养护技术，针对公路路面的裂缝进行灌缝材料和施工处理等。在选取公路沥青路面的灌缝材料时要对灌缝材料的质量进行严格把控。对公路路面裂缝进行预防性养护时，最常见的路面灌缝材料是改性沥青以及乳化沥青。在使用改性沥青来维护公路路面裂缝时，需要满足公路路面裂缝深度大于 0.1m，宽度大于 1cm 的条件，通常采用分层灌注的方式进行灌注。在进行上层灌注的必要条件是使用强度模量较大以及黏结性较强的沥青。在进行公路路面灌缝预防性养护时通常会利用热油来保温以及加热，同时会加入一些细砂，从而产生沥青砂浆。而乳化沥青则是利用慢裂或中裂阳离子产生。乳化沥青独有的特点是环保以及节约能源。在使用乳化沥青进行预防性养护裂缝时，由于乳化沥青的特性可以使施工不受潮湿以及低温等天气的影响而随时可以进行。

在进行公路路面裂缝预防性养护时，当路面裂缝种类与以上介绍的裂缝种类规格不同，也就是规格较小时，就不需要进行预防性养护，只需要进行施工处理，具体步骤包括：首先在路面裂缝处挖掘出一个 U 型的凹槽，然后在凹槽灌入预防性养护材料。该凹槽开槽的尺寸与宽度必须结合路面裂缝的具体尺寸来确定。其中宽度比例一般是 1∶1.2—1.5。在公路路面裂缝的预防性养护中也要确保注浆压力的合理，通常注浆压力会伴随填充范围的增大而扩大。在操作中需要注意的是，随着注浆压力的增大有可能会产生浆液流失以及路面抬升等问题。通常注浆的压力范围会控制在 1.2—1.5MPa。其中注浆压力是与孔深成正比的，注浆压力越大，所需的孔也就越深。当公路路面出现特别严重的纵向裂缝以及网裂时，由于路面裂缝的深度很有可能会影响到整个公路沥青层面，这时就需要施工处理与裂缝预防性养护共同进行。

CPMS 技术作为一种优化公路养护决策的管理方法，可以使有限的公路养护资金发挥巨大的社会效益与经济效益。将通过 CPMS 技术提出的新的公路养护技术运用在公路管理养护上，是对现代化、规范化与科学化管理要求的实践。新的公路养护技术主要是通过应用电子计算机技术对公路的路面平整度、破损度、抗滑性以及弯沉性进行探测以及记录并以路面结构和交通量等原始数据为依据，对公路路面状况进行综合性评价，从而方便公路管理养护部门进行更高效的公路养护施工。将新的公路养护技术应用于公路路面养护一定可以在短时间内就取得显著成效。

第七章　公路养护技术创新研究

第一节　高速公路养护监管技术创新

我国自1989年第一条高速公路修建到2018年底，高速公路里程超过13万公里，位居世界第一。高速公路发展规律表明，随着布局合理、功能完善的公路网基本形成，公路发展重点应逐步转向加强养护、规范管理、提升服务以及完善路网支撑系统。而高速公路养护监管的技术创新及其应用，对于提升高速公路养护监管的技术水平和养护效果举足轻重。

为贯彻落实国家、交通运输部有关养护新技术、新材料、新工艺的要求，充分发挥高速公路管理机构在养护技术、养护规范等方面的指导作用。依据《公路养护技术规范》，联合高速公路经营单位，结合高速公路养护作业的实际特点，为加强高速公路养护、保障高速公路经常处于良好的技术状况提供帮助。

一、高速公路养护总体技术要求

制定养护巡查和检查制度，并按照养护技术规范要求，进行养护巡查和检查。

高速公路实行经常性、及时性、预防性和周期性养护，保障高速公路经常处于路面平整，路肩、边坡平顺，桥涵、隧道构造物及沿线设施完好，标志、标线齐全、规范等良好的技术状态。

高速公路经营管理单位应当每季度评定一次高速公路技术状况指数（MQI）。高速公路技术状况应当达到《公路技术状况评定标准》规定的良以上等级。高速公路养护文件、台账、巡查记录、检查记录、交通情况调查、路况基础数据等按照规定分类、归档。

为了综合衡量公路养护质量，除统计"好路率"指标外，还采用"加权平均方法"求得"养护质量综合值"以便比较。

日常养护管理应采用指数考核、指标管理。土建和交通安全设施工程考核应采用综合养护指数和国际平整度指数双控指标。

二、引进高速公路养护施工现场可视化实时视频监控技术

背景。高速公路养护存在着点多、线长、面广、投入巨大的特点。为保证高速公路养护的质量和规范化作业，现场巡查需要一定的时间，往往花费大量的人力、物力和财力，

工作效率低下，所以，引进高速公路养护施工现场可视化实时视频监控技术必不可少。

基本原理。随着无线网络技术和数字视频压缩技术的发展，在无线网络上传输相关的视频及音频是高速公路养护监控的趋势。根据实践运用，通过无线网络可以把高速公路养护实时动态图像传送到各级用户最近的通信发射设备中，各级用户在通过无线接收设备，实时查看、浏览各视频点的动态图像。

高速公路或高架两侧的居民区不断增加，对桥隧养护现场施工安全全程监控，及时纠正安全隐患。实施视频监控可以节约监管人员往返施工现场的时间，极大提高工作效率。高速公路管理机构或经营单位可以通过远程视频实时监控，对桥梁隧道等重点结构物的养护施工进行实时监控。

实时视频监控技术的特点：能完成对监视区域的全部人员活动、工作情况，包括人员的特征、姿态等，少留死角，并对需要的画面进行重点录像，视频监控的工作过程说明。视频监控系统可以分为前端信号摄取、中间信号传输和后端信号显示及储存三个部分组成。根据各养护现场的具体情况，在现场安装相应的监控摄像机，外围再各配备一台云台、防护罩及云台控制器。每个视频采集点各配备一台视频编解码器。视频摄像机用于采集状况视频信号，主要监控养护现场一定范围内的状况，云平台可以由控制中心的计算机控制，用户可以对摄像机水平360度、垂直90度及变焦控制。

三、高速公路交通噪声监管的技术创新

高速公路交通噪声的危害。近年来，伴随着高速公路的建设和发展，交通的噪声污染也愈来愈严重，交通噪声污染已经成为人们面临的一个突出的环境问题，严重影响人们的正常工作、学习和休息。

高速公路声屏障设置和养护过程中的主要问题表现：

实现对养护现场施工材料设备的全称监控，预防丢失、盗窃等问题的发生。噪声污染的防治和声屏障的设置落后于原来的设计和规划，存在许多要变更的问题，包括变更设置声屏障的位置和数量；而声屏障养护工作或增设工作涉及高速公路管理、经营、公安、环保等多个政府部门。

声屏障在高速公路养护中的监管：

（1）高速公路经营单位应组织审查设计的声屏障是否符合《公路环境保护设计规范》（JTG B04—2010）《钢结构设计规范》（GBJ17—88）《城市区域环境噪声标准》（GB3096—93）等相关国家部门颁布的规范和规定。

（2）降低高速公路噪声必须采用预防为主和防治结合的方针综合治理，主要包括高速公路合理选线和规划布局、交通管理措施和噪声防治技术。综合比较国内外多年的使用经验，道路声屏障作为控制交通噪声的有效措施，一般3-6米高的声屏障，其声影区内降噪效果在5-12dB之间。

（3）加强声屏障养护过程的监管，明确道路声屏障验收标准——《道路声屏障质量检验评定》（DB32/T943—2006）。此评定标准制订时参照了《公路工程质量检验评定标准》

（JTG F80/1—2004）《公路工程竣（交）工验收办法》《建设项目竣工环境保护验收管理办法》制定，也贯彻执行了《中华人民共和国环境噪声污染防治法》和《江苏省环境噪声污染防治条例》等，统一了我省道路声屏障质量检验评定标准和方法，确保交通噪声环境保护设施的性能和质量。

（4）高速公路监管单位应参与相关设施的验收、评定工作。

第二节 公路养护施工工程技术创新

现在我国的国民生产总值快速发展，对于如何提升建设公路水平？如何对公路进行更好地养护这两个方面？很多工程师以及相关人员也做出了自己的思考和方法，所以其技术能力也不断地改进。而对于公路来说，公路的养护现在已经变成了提升公路运行质量的一个不可或缺的操作。所以在目前建设现代化公路的过程中，对于公路的养护也越来越重视。公路的养护涵盖多个方面，本节就公路养护做出探讨。

一、公路养护的意义

可以延长公路的使用寿命。这些年来，我国的交通行业也在不断地发展，公路建设情况也有好转。但是过了一段时间后，施工过的公路往往会出现一些问题，有很大一部分原因就是对公路养护不够重视而导致的。公路的养护就是对路面上的一些不安全的因素处理掉，让公路保持良好的状况，减小公路损耗程度，从而可以有效地延长公路的使用寿命；可以提高公路的通行能力。对公路定时地进行养护的话，能清理掉路上的一些影响正常行驶的东西。并且公路的养护操作相对比较便捷，不会影响正常的交通。当路面上没有了不安全因素以后，公路的通行能力就会得到极大的提升，从而使人们更加便捷。

减少因为公路设施造成的纠纷。公路养护可以使行驶在路面上更加的安全，也就减少了交通事故的发生。不仅如此，没有了交通事故的发生，还很大程度上方便了人们的交通出行，所以对公路进行适当地养护还是很有必要的。

二、公路养护施工的主要过程

施工前期的准备工作。任何工程都是离不开材料的，并且施工原材料的质量对整个施工工程的质量有着很大的影响，施工材料的供给速度也在很大程度上影响着施工工程的进度，而一个有默契，比较良好的施工团队也可以提高工作的施工效率，还可以促进团队更好的合作施工。这些要素避免了一些因为材料质量或者团队闹矛盾造成的不必要的进度浪费。

施工中期的养护工作。准备好施工材料和施工人员的相关准备工作之后，就要开始施工了。在这个时期是整个施工过程中的主体部分。计划好施工的具体过程之后就是要严格地对待施工的每一个步骤，具体包括以下几个步骤：施工放样过程、恢复定线过程、路基放样过程、路基施工过程和路面施工阶段等等。这些阶段都是要严格按照有关部门的规章制度来操作，如果遇到了一些突发状况也可以适当地修改计划方案。

公路后期养护措施。就目前对于公路的前期准备工作以及在施工过程中需要注意的各个要求来说，虽然这些做法可以对公路有一定的养护作用。但是仅仅这些还是远远不够的，公路的保养最重要的还是在施工完成后对于公路的日常护理工作，只有这样才能有效地延长公路的使用寿命。

三、公路养护施工技术的创新

级配碎石垫层工艺试验。基于目前较为成熟的科学技术方面上，相关的研究人员提出了级配碎石垫层工艺试验，然后根据实验发现了效果更好的级配碎石材料。确定了级配碎石原材料之后在进行一步一步地试验来对整个实验做出改进，最终各项数据指标都达到要求。

创新雾封层公路养护施工技术。做任何的事情都要先考虑经济效益，对于公路养护来说也不例外。公路养护不但要考虑对公路养护的质量，还要考虑其成本，尽量在保证质量的同时将成本达到最小。而创新雾封层公路养护施工技术就比较符合这个要求，因为它成本比较低并且效果也不差。在进行公路养护施工操作的时候，一般都是用比较少的乳化沥青及其溶剂混合物喷洒到路面上，这样就可以减少公路表面与汽车轮胎的摩擦系数，从而就达到了对公路养护的理想目标。在进行这项养护工程的施工，要首先对公路进行一系列处理，处理的时候环境不能是潮湿的，要在比较干燥的条件下，并且如果碰到了雷雨天气就要马上停止工程的实施。

废旧沥青混合料再生技术。废旧沥青混合料再生技术不但降低了对公路养护的成本，还节约了资源，一定程度上保护了地球的环境。将原来的沥青路面进行处理之后，用乳化的沥青当作再生原材料，然后把废弃的沥青用一定比例和水自己其他的添加剂调和，在自然环境下就能自然融合，从而形成公路路面的下面层。并且这个技术的未来前景也是比较好的，因为这不但变废为宝，将废弃材料再利用，还避免了污染环境。

SUPERPAVE高性能沥青路面施工技术。SUPERPAVE高性能沥青路面施工技术目前来说在国际上是比较先进的技术。并且这种技术也被广泛应用，主要是因为它能使路面更加匀称，并且也会提升路面的抗水性能。并且这个技术有一个自己独特的体系，能非常有效地改善路面性能以及其耐久性，从而使公路的安全性得到了较好保障。

公路的养护工作才是保障公路长期持久运营的重要保障，做好了对公路的养护工作，就能很大程度上提升公路的可持续使用性。做好公路的保养和管理工作任重而道远，它可以提升公路的质量，还可以使车在行驶的时候更加舒适。所以相关部门要对公路的养护工作足够重视，对其重视还是确保车辆正常行驶、维护交通安全的关键。

第三节 现代公路养护技术管理与创新

随着我国国民生产总值的快速发展，许多工程师和相关人员也对如何提高公路建设水平、如何更好地养护公路提出了自己的思路和方法，技术能力不断提高。对公路而言，养护已成为提高公路运营质量不可缺少的一项工作。因此，在建设现代化公路的过程中，公路养护越来越受到重视。

一、现代公路养护的意义

可以延长公路的使用寿命。多年来，我国交通运输业不断发展，公路建设形势也有所好转。但经过一段时间后，高速公路建设中往往出现一些问题，很大程度上是由于对高速公路养护不够重视。公路养护是为了处理路面上的一些不安全因素。

可以提高公路的通行能力。如果公路定期养护，可以清除一些影响公路正常行驶的东西。而且高速公路养护作业相对方便，不会影响正常交通。当路面没有不安全因素时，公路的通行能力将大大提高，从而使人们更加方便。

二、现代公路养护施工的主要过程

施工前期的准备工作。任何工程都离不开材料，施工原材料的质量对整个工程的质量有很大的影响。建材供应速度也在很大程度上影响着建设项目的进度。一个默契，一个更好的施工队伍，也可以提高施工效率的工作，也可以。在建设中促进更好的团队合作。这些要素避免了由于材料质量或团队冲突造成的不必要的进度浪费。

施工中期的养护工作。施工材料准备完毕，施工人员做好相关准备后，开始施工。这段时间是整个施工过程的主要部分。施工具体工序计划完成后，对施工的每一步都要进行严格的处理，包括施工放样工序、恢复线形工序、路基放样工序、路基施工工序、路面施工工序等。这些阶段应严格按照有关部门的规章制度进行操作。

公路后期养护措施。目前，对于高速公路的前期工作和施工过程中需要注意的各种要求，虽然这些做法能对高速公路养护起到一定的作用，但这些还远远不够。公路养护最重要的是施工结束后的日常护理工作，只有这样才能有效地延长公路的使用寿命。

三、现代公路养护策略

路面翻浆处理。公路路基常年受地下水侵蚀。容易造成路基翻浆问题，对路面造成严重破坏，甚至使车辆难以正常通行，给运输带来很大麻烦。处理这个问题最常用的方法是换土。换土法施工时，要求施工人员将路基的一半挖至基床土层两米深，将结霜土全部挖除，再用天然碎石换半米左右厚的土。

裂缝处理。公路路面经过多年的交通运输，容易产生裂缝。裂缝也是公路路面的常见病害。对于较小的裂缝，可以及时清理裂缝中的杂物，并用专用器具填充沥青。最后，可以用橡皮刮刀刮掉裂缝。完成此项工作后，需要在顶层铺设维护用的精细材料。以进一步增强其坚固性。如果路面裂缝比较大，应及时清理裂缝，然后将沥青和细颗粒均匀地掺入裂缝中，用专用器具使其更加稳定，最后在表面铺设精细养护材料。

波浪处理。公路波峰或槽叉过大，会给驾驶员带来不适，甚至影响驾驶员的生命财产安全。为了解决这个问题，需要维修人员先将突出部分向前展平。低于路面时，应在剔除部分的基础上，喷热沥青，然后摊铺密实。考虑到波浪面积较大，需综合挖除，再进一步铺筑，用可塑性黏土有效填充，或与已拆除的材料混合，以保证路基的硬度和压实度，使地基和表面更加稳定，保证驱动力。

四、现代公路养护施工技术的创新

级配碎石垫层工艺试验。在目前成熟科学技术的基础上，相关研究人员提出了级配碎石垫层技术试验，并根据试验结果找到了级配较好的碎石材料。在确定了级配碎石的原材料后，进行了进一步的试验，对整个试验进行了改进，最终数据指标达到了要求。

创新雾封层公路养护施工技术。做任何事情，首先要考虑经济效益，公路养护也不例外。公路养护既要考虑公路养护的质量，又要考虑其成本，力求在保证质量的同时尽量降低成本。而创新的雾封路养护施工技术更符合这一要求，因为其成本相对较低，效果也不差。在公路养护作业中，通常在路面上喷洒少量乳化沥青及其溶剂混合物，可以降低路面与汽车轮胎之间的摩擦系数，从而达到理想的公路养护目的。在本养护工程的施工中，首先要对公路进行一系列的处理。

废旧沥青混合料再生技术。废弃沥青混合料再生利用技术不仅降低了公路养护成本，而且在一定程度上节约了资源，保护了地球环境。原沥青路面经处理后，将乳化沥青作为再生原料，再将废弃沥青掺入一定比例的水和其他添加剂。在自然环境中自然融合，从而形成公路路面的底层。这项技术不仅可以变废为宝，废物资源化，而且避免了环境污染，具有良好的发展前景。

高性能沥青路面施工技术。目前，国内外高性能沥青路面施工技术较为先进，而这项技术也得到了广泛的应用，主要是因为它可以使路面更加对称，同时也提高了路面的耐水性。而这项技术有其独特的体系，可以有效地提高路面的使用性能和耐久性，从而使高速公路的安全性得到更好的保障。

公路养护是保证公路长期、持久运行的重要保证。做好公路养护工作，可以大大提高公路的可持续利用率，做好公路养护管理工作任重道远。它可以改善道路质量，使汽车在行驶时更加舒适。因此，有关部门应充分重视公路养护工作，重视公路养护是保证车辆正常行驶、维护交通安全的关键。

第四节　公路桥梁养护与维修加固技术创新

保证公路交通的完善性是经济高速发展的前提，随着人们的进出口意识增强，对公路桥梁的需要也越来越高。本节就公路桥梁养护与维修的必要性，和其中出现的问题，以及养护与维修的具体方法做出了分析，从而确保了桥梁的安全作用，促进了公路桥梁的稳定发展。

公路桥梁是运输建设的关键所在，因此，公路桥梁的好坏直接决定了交通运输的安全和效率。为了保证运营过程中物资的顺利运行，重视对公路桥梁的养护与维修是重中之重。然而公路桥梁的任务艰巨，要以预防为中心，以养护维修为重点，采取积极措施，加强管理设施，进一步保证公路桥梁的实施性和服务能力。

一、对公路桥梁的养护及维修的必要性

保证公路桥梁后期的安全。近几年，随着经济的高速发展，公路建设也飞速发展，因此，我国公路交通的流量也越来越大，并且车辆超载、超速的现象也层出不穷。大吨位的车辆逐渐超出了我国公路桥梁的承受范围，这就使得我国的公路桥梁遭到了严重的伤害，加大了交通事故的出现率，危害了人们的生活。为了保证交通运输过程的通畅性，保护人力物力的安全性，加强公路桥梁的养护及维修是必要的。

保证公路桥梁长期的使用。我国有很多早期修建的公路桥梁，由于当时的技术落后、质量薄弱、养护维修设施不够先进，再加上材料短缺管理不当等因素，导致了这一批公路桥梁在交通运输中存在安全隐患。因此，为了保证公路桥梁的长期使用，将危险性降到最低，需要定期对公路桥梁进行养护与维修，从而避免交通事故的发生，保证交通运输的通畅性和安全性。

保证公路桥梁维护措施的进一步完善。如今，我们的生活发展已经离不开交通运输，而经济的发展、需求的提高、运输量的增加以及安全要求的提高，促进了在公路桥梁养护及维修的过程中对自身品质的提升，对技术发展的要求，对措施实施度的提高。需求与建设相互促进，保证了维修工作的进一步完善。

二、公路桥梁维护过程中存在的问题

公路桥梁的自然灾害。由于自然环境的影响和长期的时间消耗，一些中小型的桥梁出现了混凝土损坏，桥面坑坑洼洼，影响了车辆的正常行驶。还有一些严重的情况如桥梁支撑梁的破碎和一些桥面出现裂痕、抗冲击性大大降低，会有前面断裂的危险，造成桥头跳车的危害。

居民保护意识低下。由于附近居民的保护意识低下，随处乱倒垃圾，出现了排水堵塞问题，长此以往使得公路桥梁排水效果不佳。雨水堆积、泥浆四溅、长时间的积水腐蚀严

重影响了路面整洁，影响车辆正常行驶。再加上管理疏忽，环卫工人长期没有进行清扫，使污染情况直线下降。

桥梁栏杆残缺不受重视。桥梁栏杆的残缺现象随处可见，没有了栏杆为交通行驶提供的安全保障，危害了交通安全。如果桥梁受损害后没有及时受到恢复，损坏范围愈来愈大，将会产生更严重的问题。

桥面伸缩缝问题。因为伸缩缝装置设置在桥端比较薄弱的部分，而且伸缩缝装置的性能不够完善以及连接件的老化，在车辆的长期反复压制下，伸缩缝非常容易发生损害。因此，桥梁伸缩缝的整治是非常重要的，要根据实际损害情况采取不同的方法，比如，更换连接材料甚至需要更换整个伸缩缝装置。

管理制度弊端化。由于公路桥梁养护和维修的经费不足，投入的人力、物力资源薄弱，长期下去，不管是民众还是相关部门都逐渐放弃了对公路桥梁的养护及维护。正是管理体制的弊端造成了忧患意识的单薄，事不关己的冷漠态度，影响了维护工作的积极性。

三、公路桥梁养护与维修的有关措施

公路桥梁定期检查。公路桥梁在长期使用中不可避免地会出现各种各样的问题，如果一旦放松下来，公路桥梁肯定会产生不良的影响，积小成大，不可忽视。所以遇到问题后要进行及时的处理，做到定期的日常检测。只有不断加强日常的防范检测才能发现问题进而找到合适的解决方法和针对性的方案。

可以通过以下三种方式对桥梁进行检查：经常性检查、定期性检查和特殊性检查。具体使用情况应该根据实际情况交互使用。桥梁的经常性检查是针对具体的各个设施进行检查，用来观察公路桥梁的各个结构部件是否完整。这种方法一般使用简单的测量工具或者目测，比较简单，成本很低；桥梁的定期检查则是采用较为专业的测量仪器进行综合性检查，检查的周期比较长一般最少为两年一次，但检查范围更加详细专业。并且定期性检查是在经常性检查的基础上建立起来的；桥梁的特殊性检查是根据具体的桥梁破损情况而进行的有目的的专业检查，一般情况下会由专业的工作队伍采用专业的策略来进行检查。

加强桥面铺装。当公路桥梁的路面出现裂缝、污染情况时，要积极采取修复。路面长期受到磨损和挤压后，会出现蜂窝和风化现象。在进行维修时，应选择相应的顶板加以保护，用质量较好的材料填补表面的空洞。如果出现裂缝较大，可以重新浇灌混凝土，巩固加上面板，这样既能修补路面又能加强厚度，增强抗压能力、提高负载能力。常用方法有：钢筋网与混凝土、钢筋网与膨胀混凝土、钢纤维混凝土，除此之外还应注意加强修后的养护。

巩固公路桥梁负载力。随着交通流量的增加和大型吨位车辆的增多，许多路面和桥梁的承载能力已无法满足需要，为了保证交通运输的正常进行，除了对公路桥梁做定期检查外，还要巩固增强承载力。对于不合格的公路桥梁做彻底整治，重新修正路面桥面，对于不安全的公路桥梁，作用加固技术提升承载力，延长使用寿命。常用的改造加固技术有：增大构件截面改造技术、旧桥加宽技术和粘贴加固改造技术。

对旧的公路桥面进行维修加固。为了对一些旧的公路桥梁进行休整加固，为了确保两侧桥孔的人行道梁比主梁长和做支撑作用的桥墩，预防桥台在长期使用过程中变宽的情况出现。可以使用混凝土在梁的内侧及面板浇筑，这样不仅拓宽了旧桥面，而且还进一步加宽了人行车道，使得车辆在桥梁行驶更加通畅。对于旧的公路路面，首先应该把长期积累的灰尘除去，然后按照具体情况加入短钢筋，铺设钢筋网，这样提升了公路抗弯能力。

在对危险的旧公路桥梁进行维修加固之前，还要对质量状况和承载能力做出评定，用以确保之后的维修加固工程效果足以让公路桥梁处于正常范围，承受住之后的车辆反复行驶，将使用寿命尽可能放长。另外，在维修加固时，应尽量不要破坏公路桥梁的原有结构体系，这样就降低了工作设施的难度，减少了加工次数，降低了工作成本还在原有的公路桥梁基础上得到了质的飞跃。

改变原有桥面体系结构。不同的桥面体系结构拥有不同的特点，比如简支梁的跨中弯矩更大，而拱式耐压能力更强。由于个别桥梁设计不合理，比如尺寸偏小、配筋不足，导致结构出现裂痕等破损；个别桥梁钢筋层过于薄弱，桥面积水的不断渗入，导致钢筋膨胀腐蚀、混凝土裂开。可以通过改变桥梁的结构体系增强承受能力、减轻内应力。改变桥梁结构体系是一个重大的工程，需要设施建设的支持。常用方法有：八字支撑加固法、简支梁变连续梁和改桥为涵加固法。

培养专业的公路桥梁养护队伍。在公路交通的高速发展下，加强组织管理，强化专业培训机构是必然要求。为了公路桥梁的养护维修巩固工作的顺利进行，培养专门的公路桥梁养护队伍也是必然工作措施。养护队伍应该全面负责公路桥梁的定期检查，负责组织活动进行突击检查工作，并提出相应的检查报告，通过观察公路桥梁的损害情况，对桥梁的养护维修巩固工作负起责任。保证公路桥梁日常保护，收集整理各个部门和管辖区的档案，进一步监督、分析、落实巩固改造计划。

这是为了公路桥梁养护维修巩固工程而培养的精英专业养护队伍，应该注重强调的是公路桥梁养护队伍的专业性和可实施性，做到专业人士采用专业技术通过专业测量工具，灵活运用专业知识采取专业措施，以保证公路桥梁维修巩固工程的落实部署。还应做到随时随地掌握公路桥梁的使用情况和维修状况，为处理突发事件打下坚实基础。另外，不仅要分成日常养护队伍还要有专业技能强大的队伍，做到从小到大两手抓准备。保证了工作的严谨性和专业性。

四、公路桥梁养护维修应注意的问题

对公路桥梁的养护及维修加固与新建工程不同，对于不同的公路与桥梁应采取不同的维修加固标准，这正是后期养护加固工作的难度所在。在养护维修加固过程中有时会产生很多新的工艺，而新的工艺需要的投入就会更多，不管是精力还是物资一点也不亚于新建工程。公路桥梁的养护维修加固工程中还有大量烦琐的任务与不安的因素，应充分利用已有资源，在工程运作中保证安全性与实施性。

管理者也要积极配合公路桥梁的养护维修加固工程，只有提高了工程的积极性才能保证安全性。要实时掌握公路桥梁的车流量，加强安全监控，确保车辆通行的畅通性。这是每一个管理人员的职责也是每一个公民的义务。个体做到规范行为，不做污染公路桥梁的行为，遇到不规范的行为也要举报劝阻，共同维护交通和谐。管理者还要向国内外典范学习，不断更新技术，采取科学有效合理的方法来服务公路桥梁建设。为交通运输发展做贡献，减少交通事故的发生。

公路桥梁的质量会随着时间的推移而不断降低，会出现不同程度的损坏，给人民生活带来严重影响。因此，对公路桥梁的养护与维修巩固是不可低估的工程，肩负着重大的使命感。为了发挥更大的经济与社会效益，克服众多因素的制约，从业技术人员应该更高地理解掌握公路桥梁维护巩固过程中的选择特点，加大管理力度、采取有效措施，将这项工作最大化地发挥出现实意义。

第五节　公路沥青路面养护相关技术创新

近些年来，我国的社会经济不断发展，交通行业也取得了长久的发展，公路建设事业也有很大的发展空间。在公路建设中，公路养护是重要的一部分，也是公路能够发挥其功能的保证。对公路沥青路面养护相关技术进行研究也逐渐引起了相关部门的关注。将公路沥青路面养护技术和公路使用的实际情况相结合，发展和创新养护技术，将公路建设工作做好。本节将对公路沥青路面养护相关技术做以简要分析，并且提出一些公路沥青路面养护的建议，希望能够对提升公路沥青路面养护水平起到一定的作用。

公路运输在我们的生活中起到了重要的作用，也是交通行业的重要组成部分，更是国民经济发展的基础，在各行各业中都起到了一定的作用。城市化进程的发展也离不开公路建设事业的发展。对公路沥青路面养护相关技术进行深入的研究，有助于公路建设事业更好地发展，具有重要的意义。公路沥青路面主要有沥青混凝土路面等几种。本节将对公路沥青路面养护相关技术进行深入分析。

一、公路沥青路面养护技术概述

公路沥青路面养护在合理的时间采用适当的技术对沥青公路路面进行维护管理，能够对沥青公路路面上出现的缺陷进行及时修复，发现隐患并及时解决，避免出现大型损坏。提升公路沥青路面养护技术水平能够在一定程度上降低路面翻修和维修的次数，从而降低公路养护成本，延长公路使用寿命，改善公路的使用状况，从而保证沥青公路路面的正常使用，提高公路建设的经济性。所以，创新和发展公路沥青路面养护技术是十分必要的。

社会经济的快速发展给交通行业带来了巨大的挑战，公路建设一直是社会的焦点。公路沥青路面养护的成果对公路建设的发展起到十分重要的作用。由于公路沥青路面本身具有表面平整、施工周期短、养护简单等特点，所以其养护工作具有十分重要的意义，做好公路沥青路面养护工作能够延长公路使用寿命，保证行车安全，防止公路出现沉降、裂痕等对公路运输极为不利的病害。要想使公路的使用状况达到良好的状态，就必须要重视公路沥青路面养护工作，努力提升公路沥青路面养护技术水平。

二、公路沥青路面常见病害

公路的实际运营中，可能出现裂缝、变形和表面损坏等多种类型的病害。产生这些质量问题的原因主要是沥青混凝土温度稳定性被破坏，还有在公路项目进行施工时没有控制好水稳定性，使得沥青和矿料的结合力受到影响，混合料整体受损。另外，外界水对路面的冲刷也会导致路面结构材料被破坏，水会渗透进路基进而引起不均匀沉降。还有，公路建成后投入运营初期，对公路的养护和维修不及时也会导致公路路面出现病害。在公路建设的过程中要对影响公路路面质量的因素进行控制，在公路建成通车后还要对路面进行及时的养护，才能保证公路的使用价值和经济价值。

三、公路沥青路面养护技术存在的问题

首先是养护技术比较落后。目前我国的公路养护体系还比较落后，人们的公路养护理念还不够深刻，很多养护技术还是传统的，也没有完备的公路养护计划。没有对建成初期的公路进行及时的养护，导致养护的最佳时机被错过。

第二是我国在公路沥青路面养护技术方面投入力度不大。对于公路沥青路面养护技术没有投入足够多的财政资金，公路养护队伍也不够完善，缺少资金、人员和可行的机制，这些因素都导致了我国的公路沥青路面养护技术发展缓慢。

第三是公路沥青路面养护技术研究工作滞后。我国还没有建立起完善的公路管理养护系统，再加上对公路病害的检测手段不足，专业人员缺少，从业人员素质不足等原因，公路养护技术的发展还比较落后。我国关于公路养护的数据也比较少，经验缺乏，技术装备落后、施工能力不足，这些也导致了公路养护工作发展滞后。

四、公路沥青路面养护相关技术研究

对公路沥青路面养护相关技术进行研究能够缓解交通运输业的压力，提高公路的质量和经济效益，促进交通行业的发展。公路在建设时会受到许多因素的影响，可能会存在一些隐患，再加上后期的养护不到位，可能会影响沥青路面的使用性能，所以对公路的养护应该予以足够的重视，保证公路的良好运行。

公路沥青路面养护的具体技术有裂缝填封、石屑封层、薄层罩面、稀浆封层等。首先是裂缝填封，使用高黏度、高弹性的填缝材料能够达到填充公路微小裂缝的目的，而且还能够提高公路的形变能力，防止雨雪等水分渗入沥青内部导致病害的进一步扩大。对裂缝进行填封也是公路养护工作中十分重要的一项，具有重要的意义；第二是石屑封层，主要是用来保护路面提高路面使用寿命，具体方法是在沥青黏结料喷洒在路面后立即铺上一层石屑，还要留出足够的时间防止松散集料的损失和抗滑能力的衰减。在石屑封层完成后还要对其进行定期的检查，保证路面养护的质量；第三是薄层罩面，这也是一种比较传统的技术，主要是在出现病害的路面铺上一层热沥青混合料，防止病害的扩大和恶化，同时也

能改善公路的平整度，这种方式的成本也比较低；第四是稀浆封层，将混合物铺到原有的路面上，能够快速解决病害，而且经济性也比较高，近些年来也被大范围地使用。

在使用公路沥青路面养护技术对公路路面进行养护时也要选择合适的时机，在公路建成通车后要采取高标准的养护方式，保证公路的运行状态良好。还有，应该制定科学合理的养护周期，定期进行路况检查、数据采集，通过不断地调查掌握公路使用的数据，并且根据这些数据确定公路养护的周期，保证公路运行状态良好。另外还要选取科学的公路沥青养护技术，由于我国采取的公路路面结构的特点，公路会出现不同程度的裂缝，比较严重的会出现较大的结构性问题。所以，要根据路面的实际情况选择合适的养护技术，才能解决路面病害，提高公路的整体性能。

总而言之，在经济迅速发展的今天重视公路养护是十分重要的，对公路沥青路面养护相关技术进行研究也是必要的。不仅有利于公路使用寿命和经济效益的提升，还能够保证公路运输的安全性，对社会经济的稳定发展也起到了一定的作用，所以重视发展和创新公路沥青路面养护技术非常重要。

第六节　公路路面养护质量检测技术创新

公路施工技术管理是提高施工质量的重要途径，与公路施工同等重要的是公路养护，尤其是对于公路路面而言，必须要按时加强养护工作，以提高路面的安全性。本节对公路路面养护常见的问题以及公路路面养护检测技术进行分析与探讨，旨在提高公路路面养护水平。

公路工程的建设，是当前经济发展过程中的一个必然趋势，公路路面施工和养护是公路工程施工过程中的一个重要内容。路面是很容易受损的一个部分，大量的车流长期通行，会导致公路路面受到不同程度的损坏。因此，在日常使用过程中，必须要积极加强对公路路面的养护，以提高公路路面的安全性和稳定性，为过往的车辆和行人提供更加安全的通行环境。对此，必须要加强对公路路面工程的养护管理，要对养护管理体制进行创新，要加强对养护质量检测技术的应用，从而确保路面的养护工作能够落到实处。

一、公路路面工程养护管理存在的问题

在公路建设完成之后要加强养护管理，充分利用各种资源条件，为居民的出行提供更加安全的道路环境。随着我国的公路建设事业不断发展，我国的公路路面工程项目变得越来越多，涉及的地区越来越广泛，尤其是一些公路工程所经过的地域环境比较复杂，在养护管理过程中，各种工作比较繁杂，当前公路路面工程的建设和养护管理还存在一些问题，主要有以下几个方面：第一，缺乏养护队伍。当前公路路面的养护过程中缺乏高素质的人才队伍。由于公路路面养护属于公路管理部门的工作，在公路管理部门中，管养专业化队

伍仍然比较缺乏。当前很多公路路面养护人员没有接受过正规的养护管理培训，使得工作人员在日常工作中缺乏必要的工作技能，最终导致公路路面的养护过程中没有加强对技术的控制。第二，对公路路面工程养护管理的意识不足。当前，还有很多的公路管理部门的领导者以及工作人员对公路路面工程养护管理存在一些认识上的偏差，很多养护管理者对公路工程养护管理的意识不够强烈，因此，对公路路面工程养护管理制度的建立的重视程度不够，没有积极加强公路路面工程养护管理的投入。第三，缺乏养护质量检测。在对公路路面进行养护的时候，加强对各种养护工作的检测是确保公路路面的养护工作得到落实的一个有效途径。在当前的公路部门中，也没有一支高素质的监测队伍，没有对公路质量检测结果进行有效的分析，因此使得公路路面的养护没有按照一个统一的标准进行。比如大多数公路路面在养护过程中，都只是对表面问题进行解决，对公路路面的整体结构、连接处的问题等关注不够多，没有按照规定进行养护，因此使得公路路面的养护质量受到影响。第四，公路路面养护管理过程中的责任体系不够健全。在公路路面养护管理过程中，由于公路管理部门没有将具体的责任落实，因此使得一些地区的公路路面得不到有效的养护管理，有的又出现养护管理过剩的现象，导致各种资源的分布不均匀。

二、公路路面养护质量检测技术及其控制措施

公路路面养护质量检测技术。在我国公路技术状况评定标准中，主要有几个技术指标：第一是路面状况指数，第二是行驶质量指数，第三是路面结构强度指数，第四是抗滑性能指数，第五是路面车辙，通过对这五个技术指标进行评定，可以对公路路面的行驶情况有更加充分的了解，也能为养护工作提供更多的依据，从而提高公路工程的安全性。

第一，路面破损状况检测，指的是在封闭或不封闭交通的情况下，按照路面检测过程中关于损坏的分类以及识别方法，采用简单的目测以及丈量的方式，对路面的损坏情况进行了解的一种方式。有人工检测和仪器检测两种，人工检测会浪费大量的人力财力物力，而且也会导致交通不畅，而且人工检测的危险性比较高，因此各种检测仪器开始逐渐普及，比如，欧美一些国家开发的路面病害调查车，就可以保证车辆在正常行驶的过程中对路面进行扫描和拍摄，并且通过计算机进行记录，对各种路面情况进行传输。

第二，行驶质量指数检测，指的是对路面对车辆行驶过程中所带来的体验性以及对车辆带来的影响的分析，是表示路面的舒适性指标的一个重要参数。比如，当车辆行驶在不平整的道路上时，不仅会对车辆带来更大的磨损，同时也会使得行驶过程不舒适。在我国，对这个指标进行检测时主要采用的有两种方法：第一种是断面测试类，比如3m直尺、精密水准仪、激光断面仪等，第二种是间接反应类测试，比如采用颠簸累积仪、连续式平整度仪等进行测试。

第三，路面车辙深度指数，车辙是当前很多高速公路的主要病害之一，由于超载现象越来越严重，因此，必须要加强对车辙问题的解决，当前在进行养护检测的时候，一般会采用两种方式对车辙深度进行检测，第一是直尺测量，第二是采用车辙快速检测装置进行测量。

第四，路面结构强度指数，在对路面的结构强度进行表示的时候一般采用的是弯沉的概念，完成是公路路面养护过程中的一个重要指标，一旦发现完成不合格，则有可能会导致公路不能使用。在当前的检测过程中主要采用的是仪器检测，一种是落锤式弯沉仪，另一种是激光自动弯沉仪。

第五，抗滑性能指数。这个指数主要是用来对路面的抗滑性能进行表示的，是路面的安全性能指标。公路路面的抗滑性是安全性的一个重要内容，只有提高路面的抗滑性，才能保证车辆在行驶过程中不会出现打滑现象，尤其是在一些高速公路上，必须要加强对抗滑性能的提高，防止出现安全事故。我国养护规范对抗滑检测的规定是摆式仪测摆值摆值、SCRIM抗滑测试车测横向力系数，可以采用SCRIM测试车进行检测，当前我国自主研发的SCRIM测试车也越来越多，对于路面的抗滑性能的检测有很大的帮助。

公路路面养护质量控制措施。在进行公路路面养护的过程中，必须要对养护质量进行有效的检测，按照路面养护质量的相关检测技术进行检查和养护，从而提高公路路面的性能。在具体的检测过程中，应该要对质量检测标准进行完善，在进行路面养护检测的时候，要按照相应的标准进行检测，对于检测到的问题进行有效的解决。另外，还应该要提高公路路面养护管理人员的综合能力水平。对于公路路面的养护管理而言，加强相关人员的技术水平和养护管理水平的提升，是促进公路路面质量得以提升的重要措施。在对公路路面进行养护的时候，应该要不断地提升养护人员的综合能力素养，公路路面养护管理单位要定期对养护管理人员和技术人员进行培训，从具体的养护管理技术、公路路面养护质量检测技术等方面着手，提高公路路面养护管理人员的综合能力水平，使得公路路面养护管理工作能够按照一定的标准进行，切实解决各种公路路面的损坏问题。

综上所述，随着公路工程的建设变得越来越多，在公路使用过程中，为了延长公路工程的使用寿命，必须要加强对公路的养护管理，提高公路工程的质量。公路路面养护是公路养护过程中的主要内容，在进行养护的时候应该要加强对各种检测技术的控制，对一些基本的参数进行检测，从而提高公路路面的养护水平。同时，要针对当前养护工作现状，加强对养护意识的培养，从而提高公路质量。

第七节　高速公路养护与养路机械的技术创新

针对高速公路养护及养路机械进行论述，并围绕坑洞修补养护车、改性乳化沥青机、改性乳化沥青搅拌机、改性乳化沥青封层机等几种养护机械，对其原理、特点及技术创新的要点进行了分析，且根据相关经验和知识做出探讨，希望能为相关从业人员提供借鉴。

随着近几年公路交通事业的不断发展，对于公路养护方面的要求变得十分严格，局部挖补已无法满足需求，局部铲除与重铺逐渐变成恢复公路正常使用状态的有效方法。由此可见，公路养护想要从根本上摆脱掉简陋、粗鄙的形象，必须对现代高新技术给予重视，合理运用当前较为先进的技术手段确保养护机械可以胜任养护任务,从而达到促进公路交通事业蓬勃发展的目的。

一、公路路面坑洞修补及养护车技术创新

现阶段高速公路以沥青路面为主,坑洞对于沥青路面而言,是一种较为常见的病害类型,产生原因相对复杂,但究其主要原因还是由于路面承载力丧失而导致的,再加上行车荷载的作用,早期病害会迅速扩张,影响公路的正常使用。

目前,常用的坑洞修补方法主要有两种,分别为热补和冷补,无论选用哪种方法,都需要对坑洞进行大规模的开挖处理,坑洞病害修复效果。开挖施工所用机械可选择自带液压锤设备的"两头忙"。压实机械主要有两种,小型振动压路机与内燃式振动夯。

在我国大规模应用的综合养护车,其混合料主要是预先制备好倒入保温罐中的,侧壁与罐底都设有加热装置,外壁还设有保温层,可很好地防止混合料温度散失。如果修补施工运用冷态混合料,则加热的最大时长可以达到 7h,而且还无法对旧混合料进行有效处理,因此,无论商家如何进行宣传,其实际用途还是较为有限的。除此之外,还有一种养护车支持现场拌制新、旧混合料,虽然该机械实现了旧料的处理,但其配置依旧较为底端,使用时缺乏保障。因此,公路养护车对应的技术创新归根结底并非新增功能,而是要使其变为能够在现场进行再生混合料拌制的小型搅拌机,必须配备隔离式搅拌机与相应的计量装置。

二、公路路面冷补、封层及改性乳化沥青技术创新

改性乳化沥青机。改性乳化沥青当中的高分子物质即可在乳化过程中加入,也可先进行乳化再混合。虽然依然运用胶体磨,但仍要密切关注乳化剂选配、计量装置与各项工艺参数。基于此,从改性乳化沥青机的角度讲,其技术创新的关键点就在于计量装置与工艺的施工控制,创新目标确定为实现自动化控制,以保证施工质量和效果。

改性乳化沥青搅拌机。在公路病害的修补方面,改性乳化沥青的实际用量较少,所以搅拌机也必须是小型的,但技术方面不容怠慢的。设计这种搅拌机的初衷是保证乳化沥青高效混合和凝结,因此需要配备高性能的计量装置与搅拌机。在设计中发现,计量系统是一个重要难点,这是因为沥青的容量是趋于变化的,最好运用重量法进行计量,但这对于规模相对较小的搅拌机而言是十分困难的。

改性乳化沥青封层机。改性乳化沥青的质量决定了封层的实际质量,封层机虽不是新型机械设备,但我国还未对其进行深入研究。尽管是国外进口的机械,在稀浆搅拌等方面仍存在不足之处。封层机实际上是一种实现计量连续性的机械。然而,就当前的连续搅拌装置来看,我国始终以质疑的态度禁止其在施工中应用。究其原因,主要还是出于对骨料规格方面的考虑,国内生产的骨料在规格上相对较差,容易使混合料级配出现较大的差距,相反,间歇搅拌楼由于设有热料筛分机,所以在计量方面更有把握。然而稳定土对应的技术标准还较为低下,大部分稳定土搅拌站都以手工控制和调节为主,精度很低,实际搅拌

时间也过于短暂，由于这种现状而造成的质量问题却被大多数人默许，但在实际施工中必然要付出一定代价。针对封层机，细骨料和乳化沥青都需要按照一定比例连续供给，但机械较为窄小，难以采用重量法进行准确计量，而且给料机大多由手工控制，自然无法确保稀浆质量，加之先前所用的是普通乳化沥青，不具黏结力，在施工完成后不久封层就有可能损坏，所以一直以来公路施工都不予采用。基于此，封层机技术创新的重难点主要是采取精细化设计手段实现连续高精送料以及计量与调控的自动化。

预拌冷补混合料。坑洞修补过程中，摊铺完成后要求立刻压实，以获取足够密实的承载结构。这种混合料的主要特点可概括为以下几点：不压不成形、一压就成形、越压越成形，预拌完成后对储存温度无特殊要求，可长时间存放，取用极其方便。这种混合料在我国是非常受欢迎的，国内一些研究者已通过研究确定了化学配方，需对现有搅拌楼实施改造。基于此，可开发出一种综合的公路养护搅拌楼，既支持热料拌制，也可进行冷料拌制。

三、公路翻修与沥青路面再生的技术创新

中置路拌机。中置路拌机是一种自带铣刨与搅拌功能的大型机械设备，主要用于冷法就地沥青路面再生。现阶段，我国已成功研制出 425 型中置路拌机，500 型及其以上的中置路拌机正处于研究阶段，旨在为二级公路的路面返修提供便利。该路拌机的驱动方式为全液压驱动，系统控制的核心为自动化功率分配技术，此外还有四个悬挂点，用于高程的准确调整。

水泥撒布车。对于铣刨后产生的旧混合料而言，由于其没有经过加热，所以旧混合料不具备黏结功能，需要向其添加一定量的黏结料（如水泥、石灰等），通过充分的搅拌和、压实才可以具有良好的承载力。水泥洒布车的用途是在路面上均匀撒布水泥，其对应的技术创新重难点在于：对水泥实际撒布量的有效控制。然而，水泥撒布量主要和车速、计量转子转速等因素存在联系，所以，撒布量的有效控制实际上就是连续给料与计量方面的控制问题。

沥青洒布车。沥青洒布车要求不仅可以均匀洒布热拌沥青，还能按照一定比例洒布改性乳化沥青。与水泥撒布车基本相同，计量控制主要和车速与泵转速度存在联系，所以其技术创新重点也是连续给料与计量方面的控制问题。

沥青路面加热机。在公路沥青路面再生联合机组的前方，设有一个宽度和待修路面相等的加热板，加热方式可以是红外线辐射也可以是热风，充分利用辐射热量对待修路面进行加热处理，实际发热量及辐射距离可根据实际情况进行调节。

综上所述，公路养护机械的全面进步离不开有效的技术创新，如果缺乏先进的机械设备，则现代新型施工工艺及技术是没有任何意义的。作为公路的施工和管理人员，首先应充分认识到养护机械对于公路养护效果的重要性，然后通过分析和学习，在掌握新型机械原理、特点的基础上，合理配置和组织现场机械进行施工，加之新工艺和新技术的全面应用，以此从根本上提升公路养护质量。

第八章 公路养护技术的实践应用研究

第一节 预防性公路养护技术应用

在公路养护中，预防性养护技术应用的非常广泛，能够减少资源浪费，有效修复公路破损的地方，延长公路工程的施工寿命，保证公路的最终质量。基于此，本节从预防性养护技术的概念出发，详细分析了其优势和具体应用，具有良好的借鉴性意义。

随着我国社会生活水平的不断提升，公路建设得到了迅猛的发展，其不仅是百姓交通生活的基础，更是快节奏社会生活的媒介。随着社会生活对于交通需求的不断增大，公路事业的发展势头十分迅猛，交通管理部门在加大公路建设投入的同时，也提升了对公路养护工作的重视。为了保证公路能够始终处于一个良好的工作状态下，目前我国绝大多数公路都是以预防性养护为主，希望能够通过对于公路病害的预防，来杜绝病害的出现，从而避免因病害出现而对公路的交通性能带来影响。

一、预防性公路养护技术的概念

预防性公路养护的针对对象，主要是那些经过长年使用之后，其可使用寿命降低到了原先的四分之一水平，其有效功能降低到了原来的一半水平的公路。这些公路如果不能及时地得到保养和维护，其寿命和效能就会在短时间内迅速地下降，从而导致路面的彻底损坏。一旦路面彻底损坏，就不得不需要投入更多的资金，付出更高的代价来对公路进行重建或翻新，而预防性公路养护技术则避免了这一点。预防性公路养护技术需要采用先进的技术来对路面的具体情况进行扫描，并及时地找出公路当前存在的各种问题，采取合理的手段，对公路进行维护和保养，从而扫除潜在的风险因素。与传统的公路维护技术相比，预防性公路养护技术则更为科学而可靠，对于路面的维护保养水平更高、保养效益更强。

二、预防性养护技术现实意义

减少资源浪费。在实际使用和运营的过程中，路面是养护工作中的一项重要内容，需要对使用时间、施工技术、材料性质等进行综合考虑，采取合适的措施，增强措施的合理性与针对性，使其能够与实际情况相互适应。贯彻的时候，需要对养护工作的难度进行划分，在养护阶段，重视巡查工作，及时找到路面中存在的问题，对造成问题的原因进行排查和处理。将路面的平整性与光滑性作为关键性评价指标，在增加保护膜的基础上，在节约资源的基础上,使公路的使用时间和年限得到有效延长,以免公路路面损坏。

节省资金。预防性公路养护技术对于公路维护工程来说,具有非常重要的意义。其重要的一点便体现在其对于资金的节省上。传统的公路养护方法主要是在公路的工作效能降低到了一个相当低的水平下,再对其进行翻修和维护。这种方式的一个重要的弊端是,当公路的工作效能过低时,其很有可能在维护之前便导致安全事故。一旦因为公路路面问题出现安全事故,负责公路维护的相关负责人可能便要承担责任。但是,在对公路实行预防性公路养护技术之后,施工团队便可以及时地发现公路上所出现的各种问题,及时清除安全隐患,防止安全事故的发生。

对公路运行影响较小。采用预防性公路养护技术,对公路的正常运行影响较小。如果是要对公路进行翻修或重建的话,施工团队不得不把整条公路全部封锁,从而加重了公路压力,降低了交通的流通程度。但是,如果采用公路养护技术的话,则可以避免这种情况。公路的预防性养护主要负责找出公路上需要修补的地方,占用的道路少、工作范围小、施工速度快,可以在比较短的时间内完成施工工作,并重新开放交通道路。所以,采用预防性公路养护技术,对于交通的影响还是比较小的。

三、预防性养护技术在公路路面工程中的具体应用

路面的预防性养护技术。路面最为常见的公路病害就是裂缝,其路表积水沿裂缝渗透至沥青路面表层以下后会逐渐腐蚀路面,甚至可能会造成路基的损坏。为了防止裂缝进一步扩大,有效的保护好路基,因此,在公路出现裂缝的早期就需要及时修补。裂缝修复常采用的方法是灌缝方式,首先把加热之后的沥青沿裂缝进行浇注,使加热后的沥青沿裂缝充分接触,阻止路表水进一步渗透到路基,此种修复方式的是目前沥青路面细小裂缝修复最为常用的方式,主要是因为它的维护成本比较低、维护工序比较简单。如果路面出现松散、龟裂等病害,为了避免了传统清除旧沥青后重新修补存在的质量隐患,那么它的修复可以在确定路基未受损的情况下采用红外线养护修复设备对损坏的沥青路面进行就地加热修补,利用红外线加热这种修补方法不仅可以有效地利用了原有路面沥青混合料,提高了修补速度,还可以节约成本。

微表处理技术。乳化沥青稀浆罩面技术是微表处理技术的基础,具有非常显著的防水性、耐磨性和抗滑性,必须通过科学配比,合理使用聚合物改性乳化沥青,对公路路面的性能进行全面优化,发挥其最大效果。在合理应用这项技术的过程中,需要将路面病害的概率进一步控制,降低路面老化、水分下沉等现象,增强其抗滑性能,有效地解决网裂病害与车碾病害,增强车辆行驶的安全性。另外,必须充分意识到微表处理技术的优势,对材料的选择进行严格控制,尤其是强度和弹性等指标,必须符合规定的标准。在运用的过程中,应加强施工人员的技术培训,使相关人员能够充分意识到这项技术的作用,在考虑季节差异的前提下,最大限度地使用技术,做好各个细节的把控,促进施工和养护工作的顺利进行。

雾封层养护。通常情况下,在松散道路和轻度至中度细料损失的道路模式下往往会采

用雾封层这一养护方法，作为保护公路路面最为直接的养护措施，封层技术的使用成本也是较低的。而在高速公路路面的养护工作中如果能够合理地应用雾封层养护技术，那么其就能够很好地预防水伤害和路面老化的问题，其工作原理为在公路路面上直接喷洒乳化沥青，这样在路面上就能够形成一层封闭并且严密的防水层，那么就能够起到很好的防水作用，从而最大限度地阻止了公路路面受到水的损害。另外，采用雾封层这一养护方法还能够进一步的提升骨料和路面之间的黏合度，其养护的成本较低，在沥青路面的预防性养护技术中的应用也是较为广泛的。

稀浆封层养护。稀浆封层技术在预防和维护公路表面病害中应用的也比较多，在高温季节能够提升其稳定性，在低温季节能够增强其抗裂性。在实际使用的过程中，需要按照特定的比例，充分搅拌水、填料、乳化沥青与添加剂等材料，均匀摊铺配置的稀浆混合料。在特定的时间内，这些稀浆层会在蒸发之后进行固化，在融合路面的基础上，使路面的使用效果得到增强。稀浆封层技术具有非常突出的优势，可以不经过检验，简化冷却与加热环节，以最简便快捷的方式进行施工，加快施工的进度，同时，在常温条件下，能够使公路建设质量得到提高。

边坡的预防性养护。公路边坡公路工程的主要施工内容，如果边坡发生塌陷，就会对公路路面造成严重损坏。目前我国公路边坡施工的方式主要有两种：一种利用浆砌片石边坡进行施工，另一种是利用土工格植被进行施工。在浆砌片石边坡预防性养护中，要不定期检查防护网的质量，尤其是在多雨的季节更要加大检查和巡视力度，一旦发现防护网被锈蚀或者断裂，要第一时间进行更换。土工格植预防性公路养护中。公路的养护不仅只有对公路的路面、路基以及排水的养护是重要的，同样对公路边坡的养护也是公路养护的重点对象。公路的边坡一般是使用土工格栅或者是浆砌片石对边坡进行防护，也对边坡中出现的损坏部位进行近及时的修复治理，让地表水不会渗入地基之中，对公路的路基造成破坏，同时防护边坡的措施也不限于对边坡进行修补，也可以在边坡的上面种植植被，对植被进行一定的养护防止其出现病虫害，进而对边坡进行养护，使得路基不会受到雨水的影响。让公路的使用寿命可以得到保障。

综上所述，采取预防性养护技术能够切实提升公路的质量，保证公路的长期运行，需要引起高度重视。在实际使用技术的时候，需要针对实际情况，将各个环节做到位，采取有效的措施，在节约成本的基础上，保证养护技术的有效应用。只有严格规范，才能不断创新技术，增强技术的应用性，与时俱进跟上时代发展的脚步，为社会谋福利。

第二节　公路工程养护中微表处技术的应用

首先介绍了微表处技术的具体概念，随后分析了公路工程养护中微表处技术的应用以及在应用过程中需要注意的环节，最后总结出将微表处技术应用于公路工程养护中可以实现对车辙、细小裂缝、泛油等问题的有效解决和控制，进而延长公路的使用寿命，节省公路建设中的人力和物力。

微表处技术是一种现代预防性的公路养护措施，它是指将各种物料按一定比例进行混合，然后将其铺设在公路路面上形成保护层，从而减少公路磨损。近年来，微表处技术在公路养护中得到了广泛的应用。

一、微表处技术特点

微表处技术是一种预防性养护技术，是对还没有投入使用或是使用后还没有出现损害的公路预先进行处理，以达到延长其使用寿命的目的。需要注意的是，预防性养护只是一种养护的方法，不能增强路面的承重能力，也不能改善路面的强度。

微表处技术作为一种较为常用的预防性养护方法，通常被应用在高速公路、机场跑道等方面的养护作业中。这种技术可以对有效改善松散的路面，防止水分渗入地下，同时还可以提升路面的抗滑能力、延缓路面衰老。微表处技术主要是先将特定的聚合物进行乳化处理，然后将水、沥青等原材料按照一定的比例进行混合，最后将混合料铺设在路面上以实现对公路的养护。在实际施工过程中，采用微表处技术前首先要对原路面存在的问题进行彻底清除。

微表处技术具有施工造价低、施工速度快、处理效果好等优点，可以在很短的时间内完成施工。据相关数据显示，微表处技术施工的速度可达到人正常行走的速度。经过微表技术处理的公路具有较好的封水性、能够避免公路路面水害的持续加重，还可以达到填补路面坑槽、延长公路使用寿命的目的，因此，被广泛应用在公路养护工程中。

二、微表处在公路养护中的具体应用

微表处技术施工条件。在选用微表处技术进行公路养护时，首先要确保良好的施工环境。在气候方面，微表处技术在施工和养护期间的温度不能小于10℃，雨天也不能使用微表处技术进行公路养护。换句话说，就是要尽量保证在干燥的情况下使用微表处技术对公路进行养护，对于那些湿度较大或者有积水的路面，一定要先将水清除干净后才能开展后续施工。针对原路面条件需要注意以下几点：对出现裂缝的公路进行养护时，要先将裂缝进行处理，如果裂缝大于6mm要先进行灌缝、填充，然后再用混合料对路面进行铺设；对结构被破坏的路面进行养护时，要先对路面进行修复；对有坑的路面进行养护时，要先将有坑的地方进行修补；对于车辙小于15mm的则可以直接用超级微表进行填补；对泛油公路进行处理时，需要根据泛油的程度先进行预处理，一般来说针对中度泛油和高度泛油都要进行填补处理；对出现渗水、麻面等小型病害的公路可以直接进行微表处。

微表处技术对原料的要求：

控制集料。微表处技术可以使路面变得更为光滑，这实际上是和施工过程中用到的集料有关。在选择集料时应该尽量选择硬度、强度和耐磨性都比较好的石料，同时还要确保集料中所含的泥沙量较低，如果泥沙量过高就会增加沥青的使用量，进而影响微表处的稳定性。此外，选择棱角比较多、质地比较粗糙的集料也可以增强封层的耐磨性能。

填料的选择。填料要尽量选择硅酸盐水泥。填料的作用主要就是对级配进行改善，提升混合料的稳定性，加快乳化破除的速度，进而加强封层强度。

水的选择。最好选择饮用水，饮用水可以加速混合料的融合，同时保证集料和沥青间的化学性能。

乳化沥青的选择。乳化沥青的主要作用就是黏结，在选择时需要根据实际情况选择合适的乳化沥青。

微表处施工流程。微表处技术的施工包括以下几个步骤：混合料组成实验、设备准备、施工前的准备工作、试铺、开展铺设工作。下面将对这几个步骤进行详细介绍：

第一阶段，混合料组成实验。这一阶段主要是对混合料的配比进行设计，这是保证整个施工能够顺利进行的前提。混合料配比必须经过拌和实验和性能测试后才能选择出最为合适的配比。测试的内容包括混合料的融合时间、初次凝结时间、公路开放通行的时间等。在实验过程中，混合料乳化沥青用量主要是通过负荷轮和湿轮磨耗的方式来进行确定的，通过这两个实验可以对乳化沥青的使用量进行确定。混合料融合时间是能否顺利进行施工的一个重要标准，因此，一定要严格控制搅拌时间，在施工中可以将特定的化学品添加到拌料中，以达到减少或增加搅拌时间的目的，使混合料达到预期的效果。此外，凝固与开放通行时间也要进行实验测试。一般来说，混合料的配比应该和破乳的时间相同，混合料的黏聚力应该在 0.5—1h 之间。

第二阶段，准备施工中所需的设备。在进行微表处技术施工时，可能用到的设备有微表摊铺车、摊铺箱、水箱、车辙摊铺箱、集料、检验混合料所用的仪器等。工作人员要在施工前将这些设备准备好，以便施工能够按时完成。

第三阶段，施工前的准备工作。在正式施工前，需要做到以下几点：首先，根据公路养护施工的实际情况，对摊铺车进行标定，选择合适的料门高度，绘制出标准曲线，为工作人员施工提供依据。其次，对施工所需要的填料和添加剂进行标定，并将得到的标准曲线绘制出来。

第四阶段，试铺设。对小样拌和实验进行试铺，对试铺结果的外观质量进行记录，然后根据试铺结果进行适当修正。

第五阶段，摊铺工作。第一步，先将混合料转运到摊铺机中，然后将摊铺机行驶至施工地点，和控制线进行对准，对摊铺箱的厚度和弯曲度进行调整。第二步，调整混合料的流向，使混合料可以均匀地流向摊铺箱的左右两侧，同时还要对水量进行调整，确保黏稠度适当。第三步，当摊铺箱已经呈现出均匀分布时，要告知驾驶员启动底盘，让驾驶员调整驾驶速度、缓慢匀速前行。一般来说，速度应该控制在 1km/h 左右，这样可以保证摊铺量一致。第四步，在完成摊铺后，工作人员应该对摊铺工作进行检验，检查是否全部铺平。重点对起终点处、接缝处、不平之处进行检验，在检验过程中如果发现粒径过大的矿料，工作人员应该对这些颗粒进行及时清除、填平。

三、注意事项

实际施工过程中,应该注意以下事项:

第一,如果出现横波纹,可能是因为浆的黏稠度不合适,工作人员要对浆的黏稠度进行调节,控制水的加入量,将皮子拉紧或更换皮子。

第二,如果出现刮痕,可能是混合料中含有乳块,可以用铁铲将刮痕磨平。

第三,如果出现厚度不均匀的现象,可能是皮子过紧,应该对皮子进行松弛并对厚度进行控制。

第四,如果出现泛油现象,可能是在设备标定时出现误差,要对设备进行重新标定,对料门高度进行重新调整。

第五,如果出现松散和脱落的现象,要先将原来路面上的杂物清理干净,同时合理控制施工混合料的配置比例。

第六,如果出现缝隙连接处凹凸不平的情况,可以先用水打湿,然后再对接缝处的凸起部分进行处理。

综上所述,微表处技术是一种高效、新型的公路养护技术,可以有效改善路面泛油、松散的情况,延长公路的使用寿命,同时美化路面并改善路面的平整度。在开展微表处技术施工时要严格按照施工步骤,在完成施工后也要对施工的质量进行检查,确保高质量的施工,从整体上提升公路的使用性能。

第三节 公路维修养护中新材料与新技术的应用

随着我国公路建设速度不断加快,公路养护成为公路管理维护部门非常重要的问题。在进行公路维修养护过程中,不断出现新材料和新技术,有效地提升了公路养护的性能,保证了公路的质量。公路维修单位需要根据公路实际的运行状态,分析公路出现病害的原因和等级,然后采取合理的施工技术、选择最佳的施工材料、做好公路修复工作。因此,本节主要针对公路维修养护中的新技术和新材料的应用展开论述。

在当前的形势下,我国公路建设规模不断扩大,极大地满足了国民经济发展的需求,但是随着公路里程的增加,相应的公路维护量也不断增加。我国各地方公路养护部门也认识到了这一点,不断的加大力度对公路进行维修与养护,有效改变了公路损坏以后无人管理的情况,保证了公路的安全性,延长了公路的使用寿命。为了保证公路质量,延长公路寿命,公路养护部门需要针对公路运行状态,不断采用先进的施工技术和新型的施工材料,提升维修的质量与效率,满足实际生产施工的基本要求。但是在实际维修过程中,维修人员依然采用传统的维修方式,不仅增加了劳动强度,而且维修效率低下,无法有效保证公路维修质量。因此,本节结合公路维修的现状,针对公路维修养护中新材料与新技术的应用展开论述,针对不同情况提出相应的解决措施。

一、常见的公路维修技术与材料

在通常情况下，公路维修保养工程主要分为小面积修补和补缝处理。大中修工程主要包括大面积修补和路基处理。作为修补人员需要结合具体的修补形式，采取不同的处理工艺，从而满足实际生产施工的质量要求。

第一，进行小面积修补。根据公路实际运行的情况，受到自然因素和车辆荷载的影响，路面经常出现小面积的病害，这种病害分布区域广、点位很多，这就要求维修人员结合病害的特点，合理搭配维修设备与施工人员，在保证维修质量的同时，提升维修效率。为了有效减少设备的使用数量，提升设备移动的机动性，在成品料到热压实之间的环节，维修人员要使用车载设备完成，从而满足实际生产的基本要求。

第二，补缝处理。在进行补缝处理过程中，维修人员需要路面横向裂缝和纵向裂缝进行处理。造成路面裂缝的原因主要由于路基局部变形或者沉降引起的，裂缝一旦没有得到及时处理，在雨水和车辆荷载的影响下，就会导致路基出现大量下沉问题，产生更为严重的问题。因此，维修人员可以利用加热保温改性沥青和补缝剂，利用加热补缝设备进行补缝。为了提升补缝的效果，维修人员需要做好辅助准备工作，对缝隙进行彻底的清洗和切割，为后续工程维修创造良好的条件。

第三，大中修工程。在进行大面积修补工程施工过程中，对施工技术要求很高，需要大量的施工机械设备和装备。高等级公路对维护标准要求比较高，会对公路交通产生一定影响，需要维修单位配合交管部门做好交通疏导工作，有效减少维修施工难度。维修单位可以采用集中施工作业和流水作业的方法，提升施工效率、合理安排施工工序，优化现场人员与机械现场配置。由于公路大面积修复施工技术工艺比较复杂，需要大量的施工机械设备，这就要求施工维修选择的简单容易操作的配套设备，像勘测仪器和乳化沥青撒布车。在重点施工环节上，施工单位需要不断改进传统的施工维修工艺，选择单机，提升施工效率。

第四，路基修补。由于路基不稳定，路面出现松散或者裂缝问题。因此，为了满足公路实际生产要求，维修人员需要对病害的基层进行处理，结合不同类型的面层，采取不同的处理措施，重点做好分层处理，满足实际生产的基本要求。另外，在进行路基维修过程中，施工维修人员需要明确维修工序，建立完善的施工组织计划，消除周围潜在的不良因素提升维修的效果，保证维修的质量。

二、公路维护新技术和新材料的应用

随着我国公路行业的发展，交通运输负荷不断增加，公路维修难度不断加大。与国外相比，我国公路损害程度最为严重。因此，维修部门需要不断应用新技术和新材料，提升维护效率，保证维修质量。下面主要针对公路维护新技术和新材料的应用展开论述：

公路维护新技术。第一，cape封层技术。cape封层技术就是以石屑罩面封层技术为基础，融合吸浆的封层技术，实现了2种技术的优势互补，可以保证公路基层的稳定性。在实际维修过程中，可以利用单层或者多层的方式，满足实际维修质量标准。这种技术通过长期的应用与发展，不断进行更新，融入更多新的元素，施工人员可以把阴离子乳化沥青吸浆应用到大骨料石屑罩面上，可以进行封层处理，提升路面的抗磨损性，延长公路的使用寿命。

第二，夹心式石屑封层技术，就是把一层结核性新型材料填充到2层石屑封层内部，对原有的封层进行改良，然后在封层上铺设粒径相同的石屑，然后使用钢轮进行碾压，最后的喷砂沥青混合料，从而实现维修的目标。在通常情况下，铺设石屑的粒径要控制在2.36—4.75，可以保证实际维修的效果，有效提升路面的防滑性能，保证道路安全运行。

公路养护新材料。随着公路养护技术水平不断提升，出现了大量的新型维修材料，在实际施工维护过程中，不仅提升维修的效率，而且降低施工人员的施工强度，最大限度地保证工程质量。下面主要针对当前公路养护新材料展开论述：

第一，聚合物面层材料，这种材料主要应用在公路修复施工和重建施工中，具有很强的抗腐蚀性，可以有效避免除冰剂对路面混凝土产生的不利影响，提升公路性能、保证公路运行安全。在实际应用过程中，聚合物层面具有很强的柔韧性，内部含有很多含氧物质，可以保证公路的耐久性和稳定性。因此，聚合物面层材料的应用，可以有效提升公路的安全性能，保证施工维修质量，创造更多的经济效益和社会效益。

第二，沥青改性剂的应用。随着我国公路建设行业的迅速发展，改性沥青在公路施工中得到了广泛的应用，可以有效保证公路的稳定性。在通常情况下，改性沥青在塑料和相交等领域应用比较广泛。随着公路施工技术工艺水平日益提升，不断研发出新的改性沥青，其中复合纤维沥青改性剂的应用，可以提升公路沥青的热稳定性，规避潜在不良因素对公路的影响。在进行公路维修过程中，施工单位需要结合施工现场情况，分析原有道路沥青性能，充分运用沥青改性剂，提升公路维修的效果，进一步延长道路的使用寿命。

第三，扩张网的应用。扩张网在当前公路维修与施工过程中得到了广泛的应用。运行原理就是切割好承受力强的钢材，然后运用到公路混凝土基层，对混凝土进行补强，实现钢材与混凝土的有效结合，提升公路抗裂性能和稳定性，提升公路维修的针对性和有效性。这就要求维修施工单位根据公路的等级，分析公路基层的性能，结合实际情况，合理应用扩张网，有效的提升原有道路的性能，满足公路安全运行的基本要求。

第四，采用抗车辙剂。在公路运行过程中，受到车辆荷载的影响，路面经常出现车辙。为了有效消除车辙，保证路面的平整性和稳定性，维修施工人员可以采用抗车辙剂。这种材料呈黑色颗粒状，主要包括很多精致聚合物，可以提升路面黏度和强度，保证沥青混合的稳定性，提高路面抗压性能。根据实际应用的情况，抗车辙剂在实际应用中，可以获得良好的效果，得到了较为广泛的应用。因此，公路维修单位可以选择抗车辙剂，保证实际维修的效果。

就目前而言，我国公路维修新技术和新材料应用方面落后于国外发达国家，为了进一步提升维修效率、保证维修质量，维修单位需要不断引进先进的维修技术，不断应用新的材料，探索新的维修方式，尤其要加强节能环保材料的研发力度，提升公路维修和养护的水平。

第四节　公路养护工程中旧路冷再生技术的应用

　　首先介绍了旧路冷再生技术的含义、应用优势及施工流程，包括制定方案、铣刨、掺入添加剂、拌和等。重点探讨了旧路冷再生技术在公路养护现场的应用，如某地公路养护工程概况、旧路冷再生技术在公路养护现场施工。结论证实，相关的施工企业就可以在公路养护工作中积极的分析公路养护需求，严格按照施工工艺、施工路程展开作业，对施工各个环节的施工质量进行严格控制，提升参与施工作业的各个工作人员的专业素养，及时总结施工经验，从而促使旧路冷再生技术的不断发展。

一、旧路冷再生技术

　　旧路冷再生技术的含义。旧路冷再生技术是当前公路养护中一种重要的养护技术。在公路养护中应用旧路冷再生技术，首先要对已经出现破坏的旧路面进行破碎、翻挖和铣刨，在此基础上，还要对已经翻挖和铣刨的旧路面材料进行分析与筛选。根据分析的结果，在其中掺入添加剂与再生剂，在自然的气温环境下对掺入添加剂与再生剂的旧路材料进行搅拌，然后再进行铺洒、碾压以及成型施工作业，最终能够建成性能得到有效提升的新路面基层。

　　旧路冷再生技术的应用优势。与传统的公路养护技术相比旧路冷再生技术具有较多的优势，不仅可以有效根治原有路面的问题与病害，还能在原有路面基础上施工，能够有效节省成本，且旧路坑再生技术在施工结束后的稳定性与保障性极佳，更容易操作施工。具体表现为以下几点：首先，可以创造较大的经济效益。通过大量的实践调研，一般来看冷再生的价格基本保持在每平方米12元，与传统的公路养护中使用的石灰土基层相比，可以节省约35%的资金。而且随着我国旧路冷再生技术的不断更新，实际施工中产生的人工费用、机械台班费用越来越少。因此，可以说，在公路养护中就可以通过使用旧路冷再生技术，使公路养护单位的成本控制在比较理想的状态。其次，在公路养护中应用旧路冷再生技术与以往的公路养护方式相比，社会效益更佳。因为传统的公路养护工作一般都是先对破损的问题路段进行开挖，然后再回填养护材料，这种施工方式不仅施工时间较长，而且施工之后产生的成本较大，施工还会对周边环境产生一定的影响。应用旧路冷再生技术，在施工中就可以合理的应用原有路面的废旧沥青材料，这不仅可以节省成本，还能有效减少对环境的影响，且施工所用时间相对较短。因此，与传统的公路养护方法相比，社会效益更好。

　　旧路冷再生技术的施工流程。在公路养护中应用旧路冷再生，要求相关的技术施工人员行必须要严格遵守相关的施工规范，应用规范化的施工工艺，不仅能够保证施工各个环节顺利进行，也能保证公路养护工作的质量。旧路冷再生技术的施工流程具体如下：

（1）制定合理的施工方案，清理施工路面上的杂物。相关的技术工作技术人员首先要对原来的路面状态进行全面、准确分析，尤其需要分析原来路面的含水量、损坏程度、路面强度以及厚度等数据信息，以此作为设计施工方案的重要依据。在确定旧路改造施工的方案之后，要组织施工人员及时对路面上的各类杂物进行清理，尤其需要对路面上的垃圾、石子以及其他废弃物品进行全面清理，从而保证后续施工正常、顺利进行。

（2）采取必要的交通管制。在应用旧路冷再生技术养护公路的时候，还要与相关的部门进行沟通与联系，在施工道路路段要提前设置封闭路段的标志，避免施工过程中有其他非施工人员进入到施工区域内影响施工的正常进行。要在施工区域上设置诸如指示牌、指示灯等多种交通标志，对施工周围的来往车辆形成较好的警示作用。

（3）铣刨、粉碎、翻松。在对原有路面所使用的技术进行分析之后，还需要将旧路冷再生技术的实际应用范围进行设置，将再生深度控制在合理的范围内。在实际的施工中还要求工作人员应用关联的设备设置在合理的范围内进行操作，还要进一步应用刨机粉碎、铣刨需要进行改造的路面。在路面完成翻松工作结束之后，还要对其中的一些大颗粒杂物进行清除，这在一定程度上也会使得后续施工中的添加剂使用环节更加合理。

（4）掺入添加剂。在第一环节对原来的路面状态进行分析，就可以根据分析结果在其中添加适当比例的水、骨料以及稳定剂。在实际的铺洒作业时，相关的施工人员还要对铺洒的均匀程度进行控制，对于使用液态剂和固态剂等使用情况进行明确的区分，在此基础上还要根据公路的养护要求、路面的强度以及路面再生效果等对养护结果进行综合考虑，可以通过应用相关设备实现该目标，也可以通过人工手动施工来实现公路养护要求，但是需要保证通过人工施工作业的部分能够满足公路养护规范。

（5）拌和。该阶段是公路养护中应用旧路冷再生技术的重要环节，在该环节要保证再生材料拌和情况符合设计要求，该环节施工工艺会对后续的施工产生直接影响。根据大量的实际施工情况来看，使用较多的是CATRM系列冷再生机。在拌和的过程要注意保证控制拌和的深度，因此，就必须设置专门的岗位，指派工作人员关注拌和的深度，使得添加剂与沥青材料等进行充分搅拌，保证搅拌材料、添加剂的均匀，从而保证旧路冷再生技术施工中再生材料的质量。

（6）碾压。相关的工艺技术人员是否掌握较好的碾压施工工艺对旧路冷再生公路养护技术施工的质量会产生重要的影响。在碾压施工过程中必须要保证单钢轮震动压路机碾压路面的频率、振幅，最终实现对路面的改造。要求施工技术人员能够采取初压、复压和终压的方式施工，及时进行修正，使得碾压过的路面满足施工设计要求。

（7）养生。在施工过程中要求相关的施工技术人员能够掌握本次公路养护施工中的添加剂质量与添加剂用量、再生材料的性能以及公路的路面温度等多种要素进行合理控制。在应用旧路冷再生养护技术的过程中，还要在阶段施工结束之后及时在路面洒水，在完成完整的施工养生作业之后，该公路养护工作告一段落，之后才可以投入使用。

二、旧路冷再生技术在公路养护现场的应用

某地公路养护工程概况。某公路在通行十年之后的质检书发现，在其中长度为20km的沥青路面出现比较严重的大面积网裂、沉陷问题，对该公路路面外观与通行安全会产生比较深入的危害。为了能够提升该公路养护的质量，就必须要采取有效的措施。相关公路养护施工单位通过分析路面情况，最终选用旧路冷再生技术。

旧路冷再生技术在公路养护现场施工。首先，相关工作人员根据本次旧路冷再生设计养护公路，需要准备全面的施工设备，诸如维特根WR2500S型冷再生机、洒水车、平地机、压路机、水泥运送车、推土车和切割机等设备，结合施工的需要设置保养、检测等相关要求对设备进行安装。还要求相关的施工设计人员能够对拌和水的质量、水泥型号等进行规定。本次公路养护使用的水泥选择缓凝型PS32.5，矿渣水泥及其掺量为5%、冷再生结构骨料与填充料选择旧料及骨料粒径＞4.75mm的质量比例为46%—66%。其次，要求施工人员对养护施工路面进行清理，清理施工旧路两侧的石头，将其松铺系数控制在1.33。再次，在施工过程中，要求水泥摊铺的混合料质量为370.8km/㎡，施工方式为人工均匀摊铺。为了能够保证混合料的级配，要求冷再生机的铣刨速度、出场转速和破碎梁压力控制在6m/min，150r/min和6Pa，用推土机做好初平工作，用平地机找平，然后均匀压实整幅再生材料，使用YZ220压路机碾压四遍后进行封点，在该过程必须要保证混合材料被连续碾压。最后，在混合料碾压结束之后，用土工布覆盖路面，采取洒水养护措施，养护至少一周，在该期间内该路段时间封闭交通。

综上所述，旧路冷再生技术是公路养护中重要的施工技术，在实际的应用中具有较大的优势。因此，相关的施工企业就可以在公路养护工作中积极分析公路养护需求，严格按照施工工艺、施工路程展开作业，对施工各个环节的施工质量进行严格控制，提升参与施工作业各个工作人员的专业素养，及时地总结施工经验，从而促使旧路冷再生技术的不断发展，为提升公路养护质量奠定坚实的技术基础。

第五节　高速公路养护中超薄磨耗层技术的应用

为了保障高速公路的运输能力与使用寿命，相关部门应积极做好公路的养护工作。经过实践，研究人员认为，在养护工作中，通过超薄磨耗层技术的应用，可以实现交通负荷大、路面要求高的道路的有效养护。本节针对超薄磨耗层技术在高速公路养护工作中的应用情况进行了分析，旨在为后续研究奠定理论基础。

近年来，在经济发展的推动下，我国交通运输能力得到了显著的提升，从而使我国高速公路的承载力与负荷明显增加，导致了路面损坏情况的加剧。这种情况的出现，不仅缩短了高速公路的使用寿命，而且还不利于路面施工管理工作的开展，对于公路运行的安全性与稳定性造成了极大的威胁。因此，相关部门有效落实公路养护工作，对于保障我国公

路运输能力具有积极的意义。经过长期探索，研究人员认为，在施工技术问题上，与其他技术相比，超薄磨耗层技术的施工速度更快、效率更高，对于路面的维护效果更好，因而得到了广大施工人员的一致认可并广泛应用于实际养护工作中。

一、简述超薄磨耗层技术

超薄磨耗层技术是公路养护技术之一，主要用于对路面性能要求高且交通负荷量较大的高速公路。同时，由于其具有较强的抗滑性、抗磨损性以及抗车辙能力。因此，可以有效实现水泥路面与沥青路面的病害养护与预防，对于路面寿命的延长具有积极的意义。相关资料表明，在公路养护工作中，通过该技术的应用，可以有效解决路面纹理深度不足、摩擦系数不足以及轻微路面病害等问题，从而实现路面整体性能的有效强化，有利于高速公路安全性的显著提升。

二、超薄磨耗层技术主要优势

工程的施工速度较快。以京哈高速为例，在施工过程中，超薄磨耗层技术所应用的材料可以一次性进行铺设，同时，在铺设完成后，即可实现高速公路的开放使用，不需要对相关路面进行重复铺设，从而极大提升了相关高速路段养护工作的施工效率，降低了工程建设的总体时间，实现了高速公路压力的有效缓解。研究表明，在应用了该技术后，京哈高速的养护工程用时缩短了30%，同时，与养护前相比，公路的事故率出现明显的降低，从而有效保障了道路的通畅，为行车者提供了一个安全便利的路面条件。

实现路基的有效保护。在超薄磨耗层技术所使用的材料中，沥青材料可以对高速公路路基中的矿粉进行有效的吸附，同时，通过对矿粉进行吸附与融合，沥青材料可以有效形成一种全新的分隔层，用以实现对水分的隔离与限制，从而有效地避免由地表水下渗所导致的路基损坏。在京哈高速施工过程中，通过该技术的应用，路基的使用寿命较其他路段提升了20%左右，且经过含水量测试后发现，应用超薄磨耗层技术的路面中水分含量更低，路况也相对更加完善。

推动路面性能的提升。在路面性能方面，通过该技术的有效应用，可以实现路面总体性能的有效提升。具体来看，在经过超薄磨耗层技术施工后，相关路面的抗滑性、抗磨损性、防水能力以及抗车辙能力均可在短时间内实现较为明显的强化，从而确保了车辆在此段路面行驶过程中所具有的安全性，降低了事故发生的可能性，为人民群众的生命与财产安全提升了坚实的保障。

工程造价相对较低。从施工成本的角度考虑，由于该技术的施工效率相对较高，有利于缩短养护工作的整体周期，因此，实现了施工成本的降低。对于相关公路管理部门而言，通过该技术的普及推广，可以实现公路养护成本的有效缩减，从而实现资金的合理分配，对于相关工作的有效开展提供了相应的保障。

四、超薄磨耗层技术在高速公路养护过程中的应用情况

公路养护施工准备阶段。为了有效的对公路进行养护，在施工前，相关部门应做好相

应的施工准备。主要准备内容包括安排专人对原路面进行相应的清理、对相关设备进行检查以及严格控制物料的规格等。其中，在清理的过程中，施工人员可以通过压风机等设备的应用对路面缝隙中存在的杂物、沙砾以及灰尘进行清理，确保路面处于干燥状态，并有效开展里面的拉毛处理。此外，应安排专人对施工过程中所涉及的矿粉、沥青、结合料以及集料等材料进行选择与检查，确保材料的性能符合施工要求。在混合料中，所需的填料应采用岩浆岩或石灰岩所制成的矿粉，在质量检测方面，应符合T0351的测试要求。

在此过程中，鉴于沥青结合料的技术要求相对较为严格，在选定材料后，应对结合料进行多次测试并对结果进行记录，对于质量不过关的物料予以坚决清除，从而有效保障其满足施工需求。

混合物料的生产与运输阶段。作为施工中重要的材料之一，混合物料的质量对于养护工作的效果具有重大的影响。因此，在对该物料进行制备的过程中，相关工作人员应严格依据相应的比例对相关材料进行混合，以便保障混合物料具有稳定性。在材料搅拌过程中，施工人员应对搅拌温度与搅拌的持续时间进行有效控制。在绝大多数情况下，当混合料呈均匀分布时，则表示搅拌工作完成。为了确保混合物料在运输过程中不会受到其他因素的影响，在运输前，相关人员应对运输车进行全面的打扫，确保车内的整洁，并在车体内部喷涂防薄膜剂，从而降低混合物料出现污染的概率。为了避免物料温度的急速下降，在运输过程中应做好物料的保温工作，使用相关设施对物料进行有效覆盖。当混合物料运抵施工现场后，应指派专人测量物料温度，并通过相应手段将其温度控制在175℃左右。

物料的分摊与平铺阶段。施工过程中，在对混合物料进行分摊与平铺时，相关人员应选取专业的机械设备进行操作。同时，为了确保摊铺的效果，在施工前，施工人员应对设备的各项摊铺数据进行检查与矫正，并在料斗与送料器表面进行防黏剂的涂抹，以便有效避免混合物料在设备上出现黏结现象。在京哈高速摊铺过程中，施工人员对混合料进行了定期的温度检测，确保其与相关制度的要求具有一致性。在具体施工中，施工人员积极确保相关施工设备可以以匀速的方式前进，以便保障摊铺的实际效果。对于设备施工死角，施工方应派遣专人进行人工铺设，以便保障道路的总体效果。同时，人工铺设应确保施工缝隙与机械铺设平行，从而避免波浪形曲线出现。在施工完成后，应对施工缝进行切割，切割角度为90°。

物料的碾压与处理阶段。当摊铺工作完成后，应适时的对相关物料进行有效压实。具体来看，当物料的总体温度低于120℃时，施工人员即可对其进行压实。在碾压过程中，为了保障碾压质量，施工人员应根据道路实际情况对压路机的规格进行有效选择，从而保障路面得以均匀压制。通常来看，为了确保路面压制效果，上述工作应在物料温度低于110℃之前完成。为了避免物料在压路机上出现黏结，应在施工过程中适当进行洒水，以便保持设备的湿润性。针对施工过程中的纵向接缝，在碾压过程中，应先进行侧压再进行纵向碾压，以便确保接缝的有效消除。当碾压工作结束后，应及时将压路机驶离路面，以免对路面造成破坏。

随着经济的发展，道路交通运输量的扩大必将成为我国未来很长一段时间内的主流趋势,同时,由此带来的高速公路压力也必将不断提升。为了有效地解决这一问题,相关部门应积极推动高速公路养护技术的优化发展,从而保障公路安全性与使用寿命的有效延长。在现有的公路养护技术中,经过实践证实,超薄磨耗层技术所拥有的施工效率相对较高,通过该技术的应用,可以在确保路面养护质量的同时实现路基的有效保护,从而推动工程总体施工成本的下降,为公路养护效果的提升奠定基础与保障。因此,为了有效促进我国公路事业的发展,应积极推动该技术在公路养护工作中的应用。

第六节 不同地理区域环境下公路养护技术应用

随着我国经济、社会的快速发展,人们对公路的养护要求越来越高,如何在新的发展形势下做好公路的日常养护工作?公路养护是确保公路正常运营的关键,本节对平原地区、沙漠地区、山区农村地区、黄土地区的公路养护技术进行了分析,以便更多的了解在不同地理区域环境下的公路养护技术和特点,以供参考和学习!

一、平原地区的公路养护技术

①平原地区公路及养护特点。平原地区地面高度变化微小,偶尔有轻微的起伏和倾斜。平原地区除泥沼、盐渍土、河谷漫滩、海边滩涂等外,一般多为耕地,分布有各种建筑设施,居民点较密,在天然河网地区,多有水塘、河汊、沟渠等。平原地区选线,一方面由于农田密集、水渠较多,工业区和城镇较多,居民住宅也密集,另一方面,由于地势平坦,路线纵坡等容易达到技术标准。同时,由于平原地区公路行车速度较快,车辆载荷较大,对路基路面的质量提出了更高的要求,因此,在公路养护方面也要求更高,需要做好日常性养护工作,确保路基稳定,路面开裂能够及时进行修复,以上种种因素,导致平原地区公路养护技术有其特殊之处。②公路养护技术的要求和原则。平原地区公路路基在长期的行车荷载和自然因素作用下,易发生变形和破坏,若不及时养护和加固,就会引起病害。养护和加固的目的是使路基保持一定的强度和稳定性。因此,对于平原地区的养护主要是路肩的养护与加固、边坡的养护与加固、边沟的养护及加固、路基的加宽与加高、急转弯的改善等内容。

二、沙漠地区的公路养护

沙漠地区的公路养护主要是为了避免风沙吹到公路路面上来,影响公路车辆的正常行驶。因此,在沙漠公路养护过程中主要工作就是公路两旁的固沙工程,对于部分水文地质条件较好的路段,可以拓展滴灌技术在防沙体系内抗风植林,形成一道防风固沙体系。其次,风沙作用方向和强度在公路东西两侧及同一地貌单元垂向上的差异,使防沙体系在沙害类型和受损程度、不同地域产生不同结果。为此,必须根据不同地域公路虑及防沙体系风沙危害特点因地制宜采取相应防治方案和维护措施,对阿和公路不同沙害路段进行工程防沙体系恢复设计时，深入现场根据当地地形、地貌、气候、河流变化、社会因素等综合因素充分了解地质水文等情况统筹重点治理。再次，上风侧防护带宽度一般需根据风沙活动程度、地形条件、具体防沙方法和材料性能和寿命等来确定。现有防护带宽度一般40—60m（个别特殊路段甚至更宽）。因内部发生的风蚀和沙埋严重影响半隐蔽草方格沙障使用寿命。无论固沙带设置多宽，固沙带内部沙害导致草方格最多维持使用3—6年即被部分掏蚀或沙埋而失效，养护管部门根据安全使用情况在每个养护周期内在全断面内更新、加固沙带。从此实际情况来看，千篇一律遵循标准设置宽度较大的草方格固沙带无此必要。应将草方格使用寿命与固沙带合理宽度、当地气候条件与风沙影响因素相结合，与高立式沙障综合考虑以节省必要的资金进行全面防护。

三、山区农村地区公路养护技术

山区公路养护效果可直接体现在山区公路路况上，且与人民群众的生命财产安全有着密切关联，因此，加强山区公路的日常养护管理、提升山区公路养护质量，是促进我国山区公路事业发展、保障人民生命财产安全的必然要求。随着我国经济、社会的快速发展，人们对山区公路的养护要求越来越高，如何在新的发展形势下做好山区公路的日常养护工作？是广大山区公路养护管理单位或者企业必须解决的问题。

长期以来，特别是山区农村地区，养护工作都没有得到足够的重视，近年来，我国山区农村公路的养护工作才逐渐进入人们及各级政府的眼中，针对此，也在逐渐开展相应的养护工作，但现阶段仍然存在一些问题。这些问题主要表现在：养护管理模式繁杂却并没有发挥该有的效用；整体的养护管理水平不高；养护人员的养护意识不够，使得有些路段处于失管状态；某些山区县镇道路并不通达，无法顺利对山区农村公路进行管养。最主要的原因是由于我国山区农村公路的养护工作起步较晚，很多路段没有配备专业的养护人员，地方的公路养护意识薄弱，山区农村公路养护的制度化和管理机制没有真正投入运营。一些乡镇地方的财政困难，对于山区农村公路的养护投入资金不足以满足实际养护需求。

因此，首先应该是加强政策扶持，多方筹集建设资金。制约山区农村公路发展的重要因素之一就是资金问题。就目前我国山区农村公路养护现状来说，要解决农村公路的养护问题，首先要提高资金投入，针对贫困山区要加大扶持力度；然后要解决资金拨付的速度问题，往往因为资金的拨付、审批问题导致山区农村公路延误工期，影响公路的使用；再次，当前的建材市场价格波动较大，必须及时做好预算计划，有关部门也要加强行业的宏观调控，只有建材市场的价格形成规范化，才能为山区农村公路的顺利实施提供保障；最后必须组织好群众参与到农村公路的建设中，提高配合度，鼓励各村经营沿路两侧土地的积极性，充分利用新修建公路两侧土地的升值空间，拓宽建设资金筹措渠道；对捐资捐款数额较大的社会名流、企业家、经营成功人士制定激励措施，并通过新闻媒体加大对其宣传力度。其次，改进养护模式，探索山区农村公路养护方法。对于山区农村公路养护主要是由县乡公路管理所负责的。要责任到人，做好养护管理目标，对于山区农村公路最大的受益者就是农民，因此，要把山区农村公路的养护放在首位。

四、黄土地区公路养护

黄土因其特有的结构使土质具有特殊的性质，在干燥时强度较高，成型后牢固性能好，但是遇水后结构立即遭到破坏，失去了原有的形态与牢固性。湿陷性黄土高速公路就是指将高速公路建筑在这样的土体上，黄土受气候条件影响，或经过雨水的浸润，在外加负荷或在土的自身重力作用下发生下沉的现象。这样的高速公路路基很容易发生病害，在湿陷性黄土路基破坏中，主要的表现形式有路基沉陷、路基陷穴以及路堤的破坏，其原因也多有不同。但是在所有的原因中，最关键的因素是地貌水流的冲刷和地下水造成的各种侵蚀、坍塌以及变形，相关部门正针对这一问题进行加大力度解决。对于黄土地区公路养护主要采取的措施：①采用抗湿陷的技术，通过化学处理和物理加固等方式，对公路路基进行加固处理。②做好完善的排水措施。黄土地区由于吸水性较强，水被吸收后排出难度大，因此，积极做好排水工作对于公路的养护至关重要。

不同地理环境下的公路养护需要根据当地的实际地质情况，采取适合自身的公路养护方法，对于平原地区的公路，主要是注意路基路面的养护工作，避免路基沉陷等；对于沙漠地区的公路养护，主要是做好两侧的防风固沙，做好公路的日常养护，确保正常通行；对于山区农村地区的公路养护，主要是确保有足够的资金，能够确保养护工作的正常进行；对于黄土地区的公路养护，主要是做好抗湿陷和排水措施的处理。总之，确保公路养护能够经济、可行、有效，能够延长所养护公路的使用寿命。

参考文献

[1] 席志杨，全易.公路工程质量的管理[J].道路工程，2011，23（1）：123-124.

[2] 张永康，章志鹏.公路工程质量的管理[J].道路工程，2012，14（1）：68-69.

[3] 马国强.浅谈公路工程检测中存在问题及策略[J].民营科技，2016（3）：168-168.

[4] 尕藏卓玛.浅谈加强公路工程试验检测工作的重要性[J].青海交通科技，2016（6）：6-7.

[5] 吴玉勇.浅谈加强公路工程试验检测工作的重要性[J].企业技术开发，2016，35（6）：141-141.

[6] 王惠简.公路工程检测在公路工程质量控制中的应用[J].住宅与房地产，2018（8）：137-141.

[7] 赵宁，叶力.试验检测在公路工程质量控制中的应用探讨[J].内蒙古煤炭经济，2016（2）：108-109.

[8] 连利冰.公路工程检测在公路工程质量控制中的应用[J].人民交通，2018（7）：66-67.

[9] 李宏宇.浅析公路工程机械设备的管理[J].智能城市，2018，4（12）：66-67.

[10] 韩加银.工程机械管理在公路工程施工中的重要性[J].四川水泥，2017（11）：186.

[11] 孙健.公路工程机械维修方式的选择[J].交通世界，2017（25）：134-135.

[12] 苏颖晶.公路工程施工机械的配置与优化管理[J].城市建设理论研究：电子版，2017（25）：141-142.

[13] 孙肖.工程机械在公路工程中的运用[J].中小企业管理与科技（上旬刊），2015（10）：105-106.

[14] 王志雨.公路工程施工环节机械设备优化配置管理探讨[J].工程建设与设计，2017（5）：201-203.

[15] 付伟强.浅谈公路工程档案管理[J].管理世界，2016，（09）：25-28.

[16] 刘丽，刘碧林.公路工程技术档案管理存在的问题及对策[J].中国新技术新产品，2010，（13）：253.

[17] 罗敏华.浅谈工程档案管理中存在的问题及对策[J].建材与装饰，2016，（11）：119-121.

[18] 钟文玉.公路工程与档案管理[J].城建档案，2010，（09）：59-60.

[19] 谢飞.巴中市公路工程建设质量监督存在的问题及改进措施研究[J].交通建设与

管理，2015（6）：310-312.

[20] 陈天云. 农村公路工程建设质量监督存在问题和改进措施[J]. 北方交通，2016（11）：74-75.

[21] 周帅. 高速公路工程计量支付的现状与改进研究[J]. 低碳世界，2017（15）：227-228.

[22] 王冠，朱彤. 公路工程管理过程中存在的经济风险及改进措施[J]. 建材与装饰，2018（8）.

[23] 杨自华. 标准化公路工程建设中的施工合同管理问题及改进措施[J]. 中国标准化，2016（22）：65-66.